L'Europe des Quinze: chiffres clés

édition 2000

TABLE DES MATIÈRES

Six États membres en 1952, quinze depuis 1995: l'Union européenne réunit aujourd'hui plus de 370 millions de citoyens, du cercle polaire au Portugal, de l'Irlande à la Crète. Riches de leur diversité, les États membres partagent aussi des valeurs communes. En développant leur union, ils veulent accroître les chances de la démocratie, de la paix et d'une prospérité mieux répartie.

Après avoir créé une véritable Europe sans frontières en éliminant les entraves aux échanges mutuels, les États membres de l'Union entendent répondre ensemble aux grands défis économiques et sociaux de notre temps, se doter d'une monnaie unique, améliorer la situation de l'emploi et renforcer la présence de l'Europe dans le monde. Ils consolident en même temps les bases d'une Union européenne au service de ses citoyens.

Sur la population de l'Union et de ses États membres, le niveau de vie, l'emploi, l'économie, le rôle international de l'Europe et l'Union elle-même, on trouvera ici une série de diagrammes réalisés avec l'aide précieuse d'Eurostat, l'Office statistique des Communautés européennes. Ces diagrammes permettent également des comparaisons avec le reste du monde et, en particulier, avec les principaux pays partenaires et concurrents de l'Union ([1]). La dernière section fournit enfin des données relatives aux pays d'Europe centrale candidats à l'adhésion à l'UE.

Pour plus d'informations sur les statistiques de l'Union européenne et de ses États membres, consultez Internet, via le serveur Europa: http://europa.eu.int/en/comm/eurostat/servfr/home.htm
NB: 1 écu = 1 euro au 1er janvier 1999 = 40,3399 francs belges ou 6,55957 francs français.

([1]) Les abréviations désignant les pays membres de l'Union figurent sur la carte de la page 4. Autres abréviations utilisées: EU-15 = Union européenne, EUR-11 = pays de l'Union européenne ayant adopté l'euro comme monnaie unique, US = États-Unis, JP = Japon.

1952 EU-6

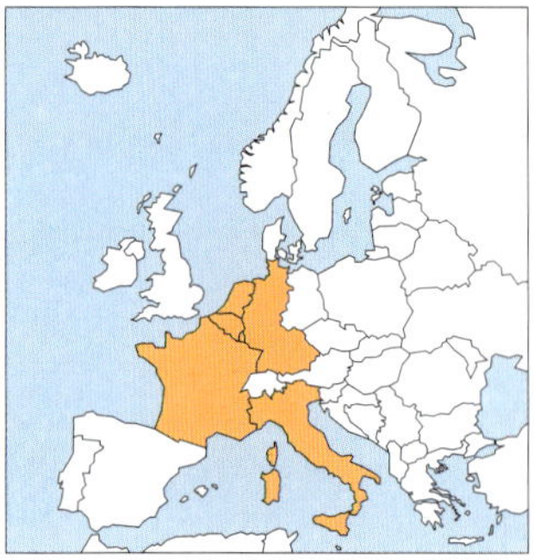

Fondée par six États-l'Allemagne, la Belgique, la France, l'Italie, le Luxembourg et les Pays-Bas-, la Communauté européenne s'est élargie au Danemark, à l'Irlande et au Royaume-Uni en 1973, à la Grèce en 1981 et à l'Espagne et au Portugal en 1986. En 1990, elle a accueilli les nouveaux Länder de l'Allemagne. En 1992, les États membres ont décidé d'instituer entre eux une Union européenne, qui s'est élargie en 1995 à l'Autriche, à la Finlande et à la Suède.

1973 EU-9

1981 EU-10

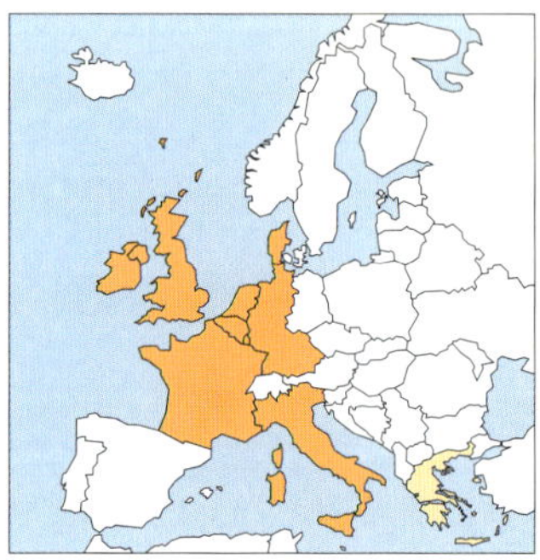

1986 EU-12

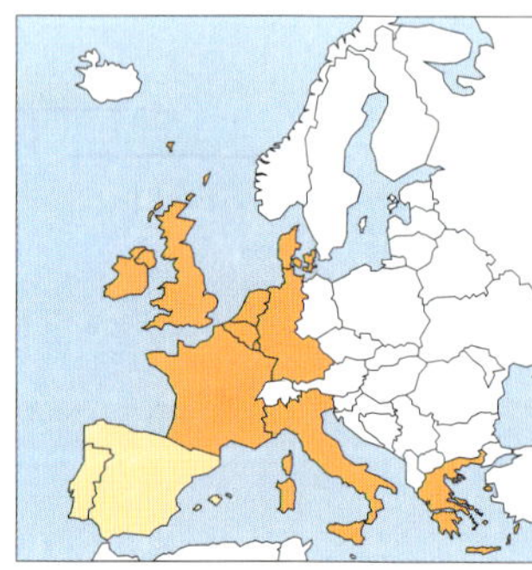

1990 EU-12

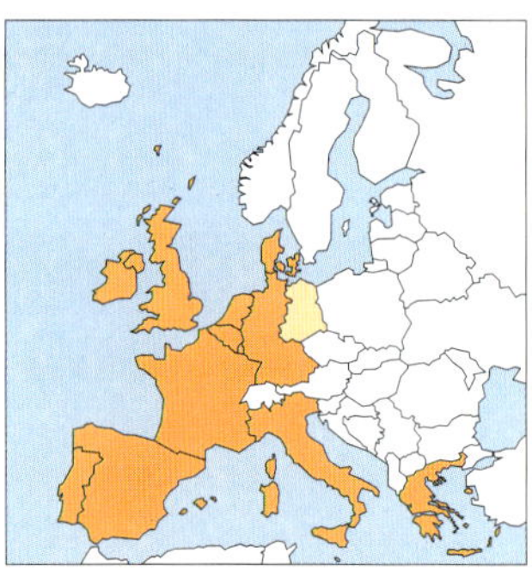

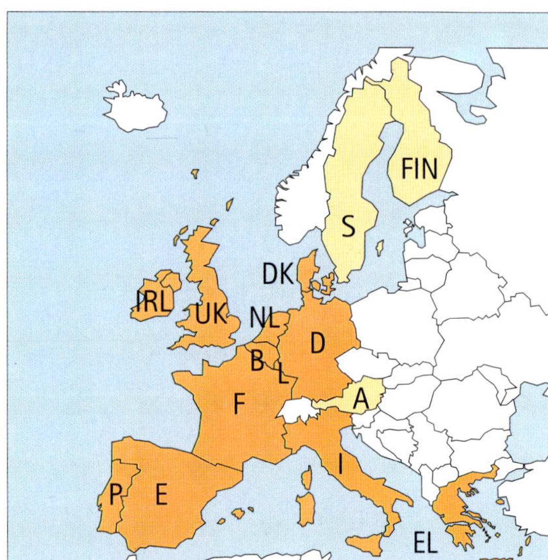

1995 EU-15

Population

Les superficies
La population et sa densité
La fécondité et l'espérance de vie

Sources: Eurostat, scénarios de population, variante de base; *Nations unies World Population Prospects: The 1998 revision - medium - variant projections.*

La population: une évolution préoccupante

Population totale (en % de la population mondiale)

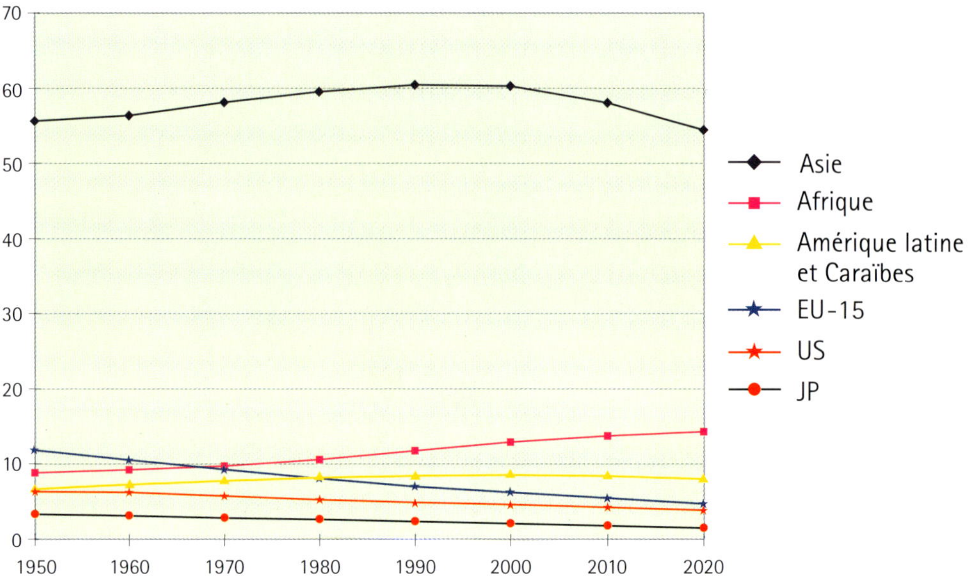

Sources: Eurostat; *US Bureau of the Census.*

L'Union européenne: un territoire limité

Superficies (1 000 km²)

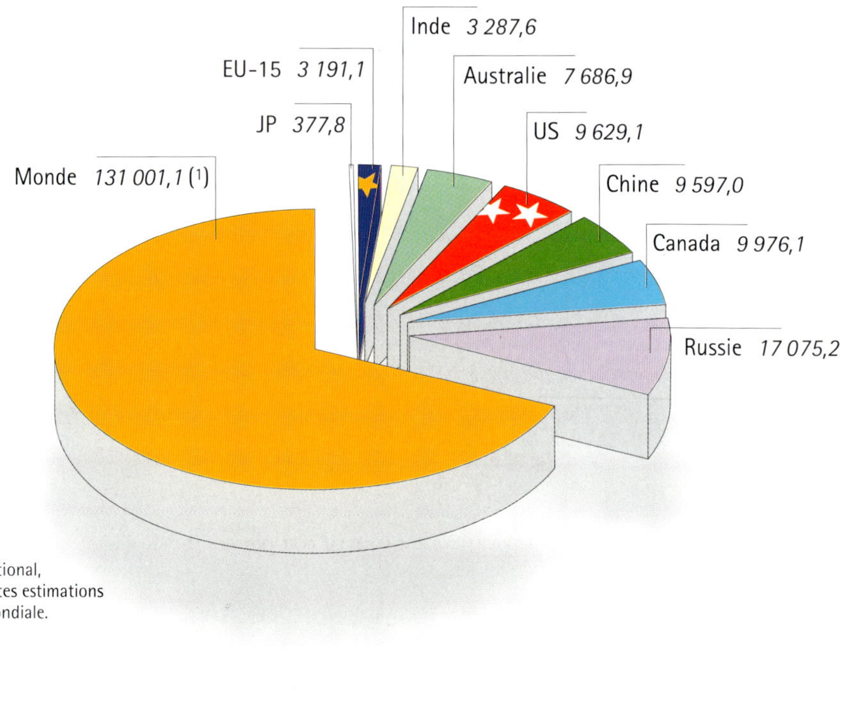

(1) Au niveau international, on trouve différentes estimations de la superficie mondiale.

Sources: Eurostat;
US Bureau of the Census.

La population: relativement dense

Habitants au km² (1998)

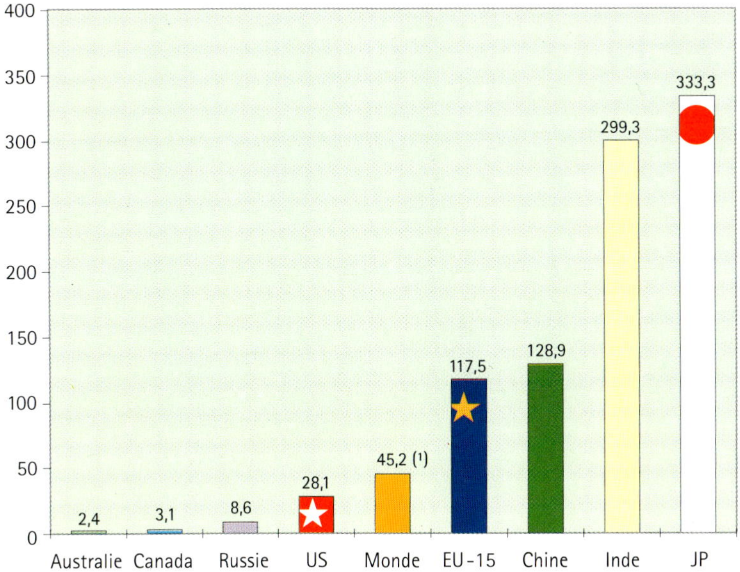

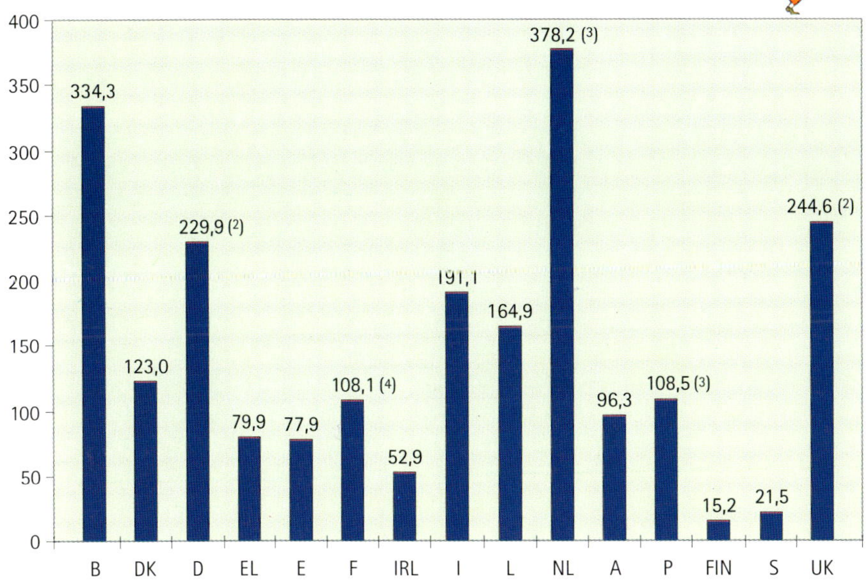

(1) Au niveau international, on trouve différentes estimations de la population et, surtout, de la superficie mondiale: par conséquent, la densité peut varier fortement.

(2) Estimations.

(3) Données provisoires.

(4) Données provisoires pour la France métropolitaine.

Sources: Eurostat;
US Bureau of the Census.

La population: deux fois moins de jeunes qu'en Afrique

Population par groupes d'âge (en %, 1998)

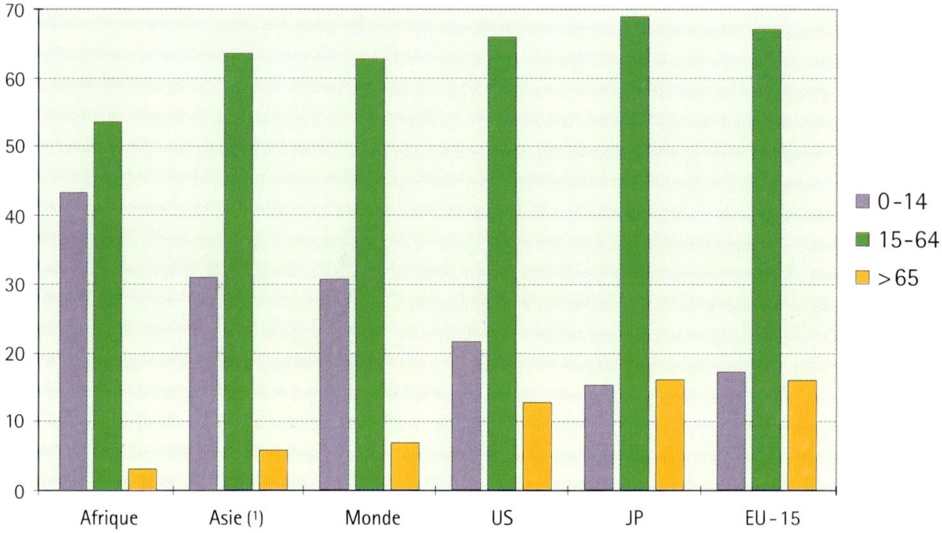

Population totale (en millions, 1998)					
759,7	3 592,8	5 918,6	270,3	125,9	374,6

(1) Turquie comprise.

Population totale (en millions, 1998)														
10,2	5,3	82,1	10,5	39,3	58,7	3,7	57,6	0,4	15,7	8,1	10,0	5,1	8,8	59,1

(2) France métropolitaine.

Sources: Eurostat; US Bureau of the Census.

Fécondité: les générations non remplacées
Nombre moyen d'enfants par femme

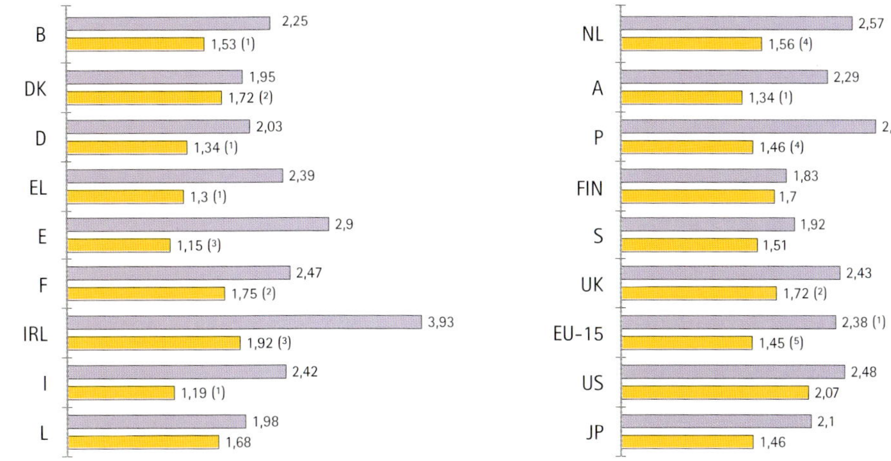

1970
1998

(1) Estimations. (2) Données provisoires. (3) Données provisoires 1997.
(4) 1997. (5) Estimations 1997.

Espérance de vie: un quart de siècle de progrès
Espérance de vie à la naissance (nombre d'années)

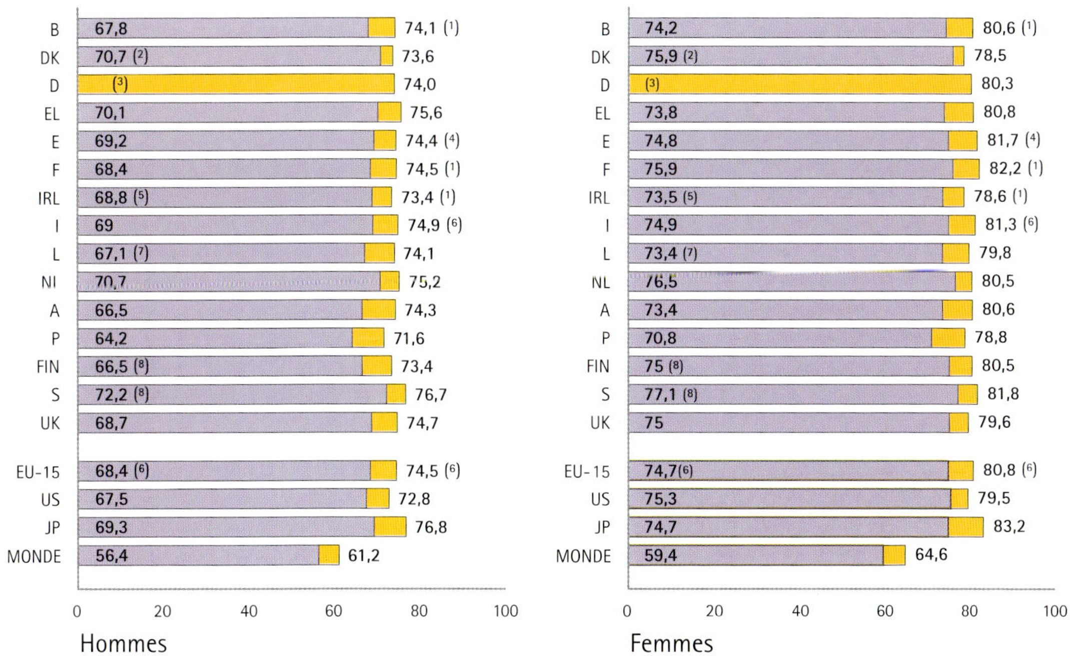

1970
1997

(1) Données provisoires. (2) 1970 1971. (3) Données non disponibles.
(4) 1996. (5) 1971. (6) Estimations. (7) 1970-1972. (8) 1970-1974.

Niveau de vie

Le produit intérieur brut par habitant
La consommation des ménages
La protection sociale
Les équipements privés

Source: Eurostat.

Le produit intérieur brut: une Union relativement riche...

Produit intérieur brut (PIB) par habitant [en standards de pouvoir d'achat ([1]), *1997* ([2])]

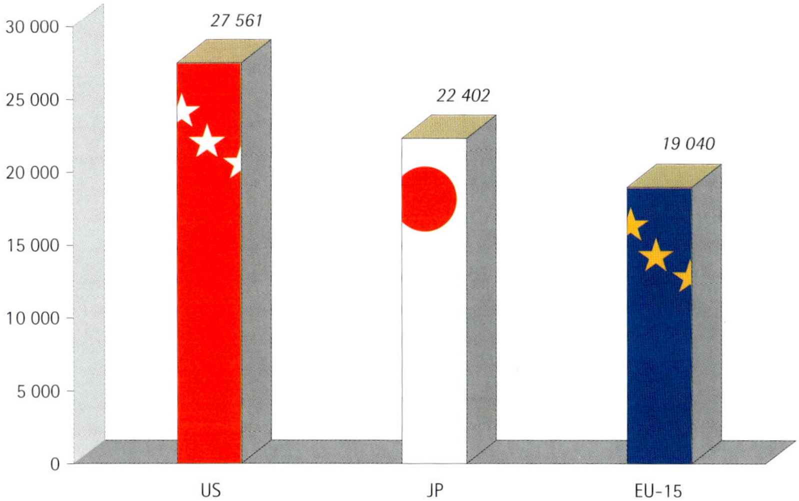

([1]) Représentant partout un volume identique de biens et de services, indépendamment du niveau des prix.
([2]) Estimations.

PIB par habitant [en standards de pouvoir d'achat, 1999 ([1])]

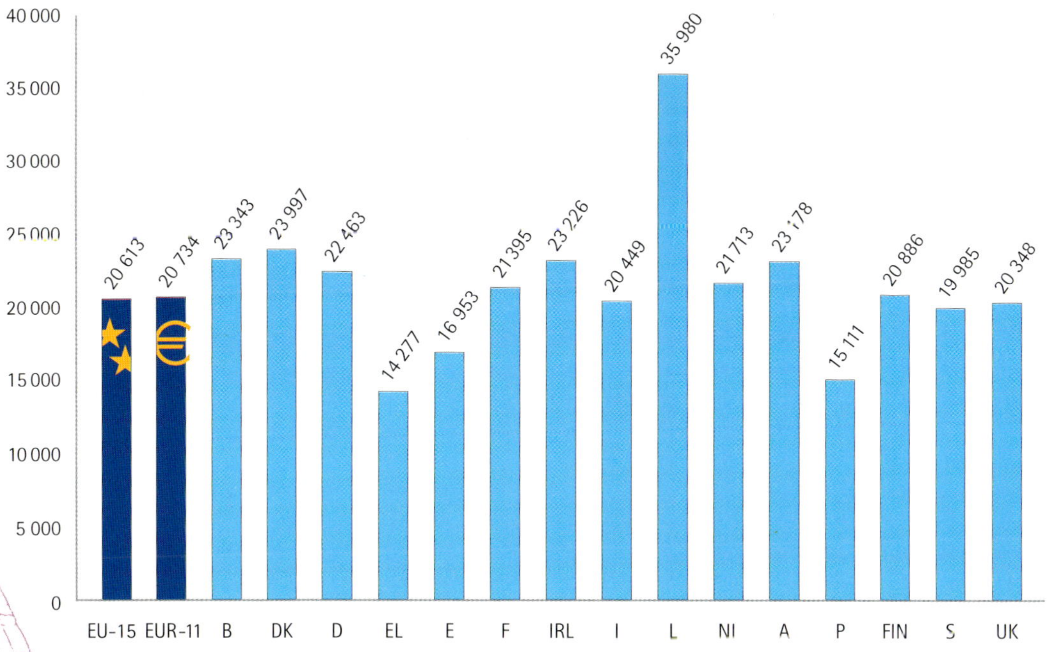

([1]) Estimations.

Source: Eurostat.

... mais de nettes disparités régionales

PIB par habitant dans les régions de l'Union (en standards de pouvoir d'achat, EU-15 = 100, 1996)

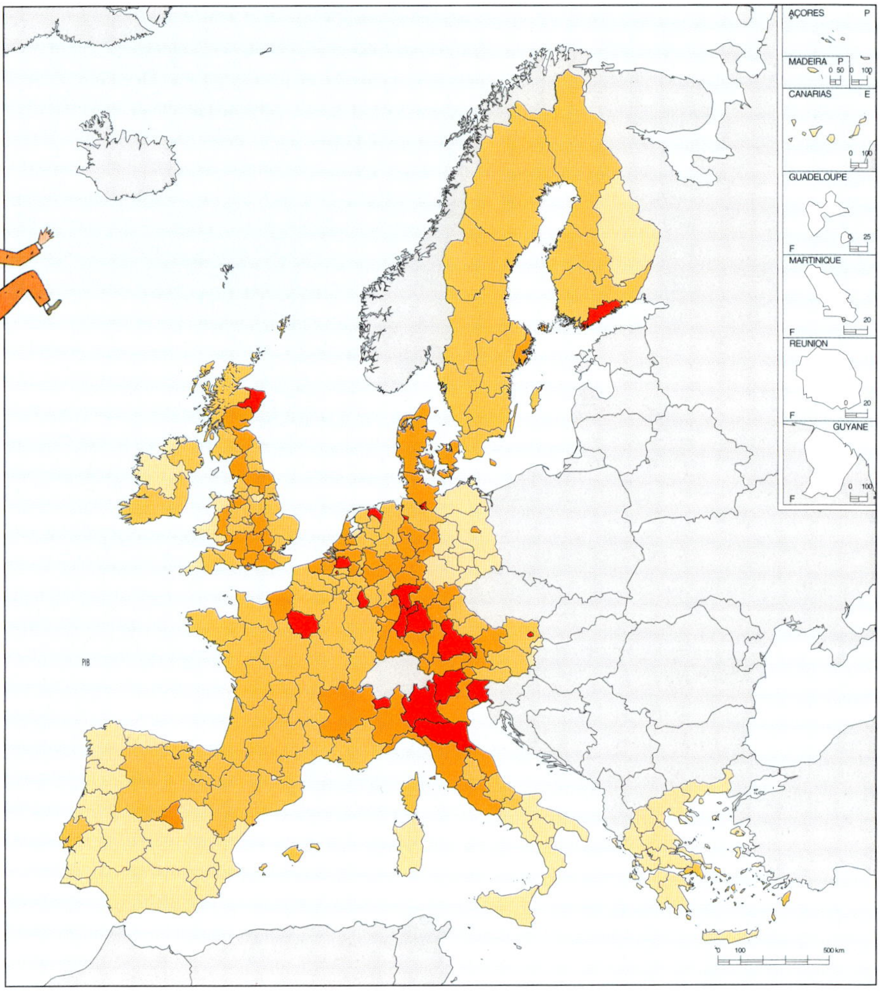

- >125
- 101-125
- 75-100
- < 75
- Données non disponibles

Source: Eurostat.

La consommation: une croissance inégale

Consommation finale des ménages, par habitant (en écus constants, année de base: 1990)

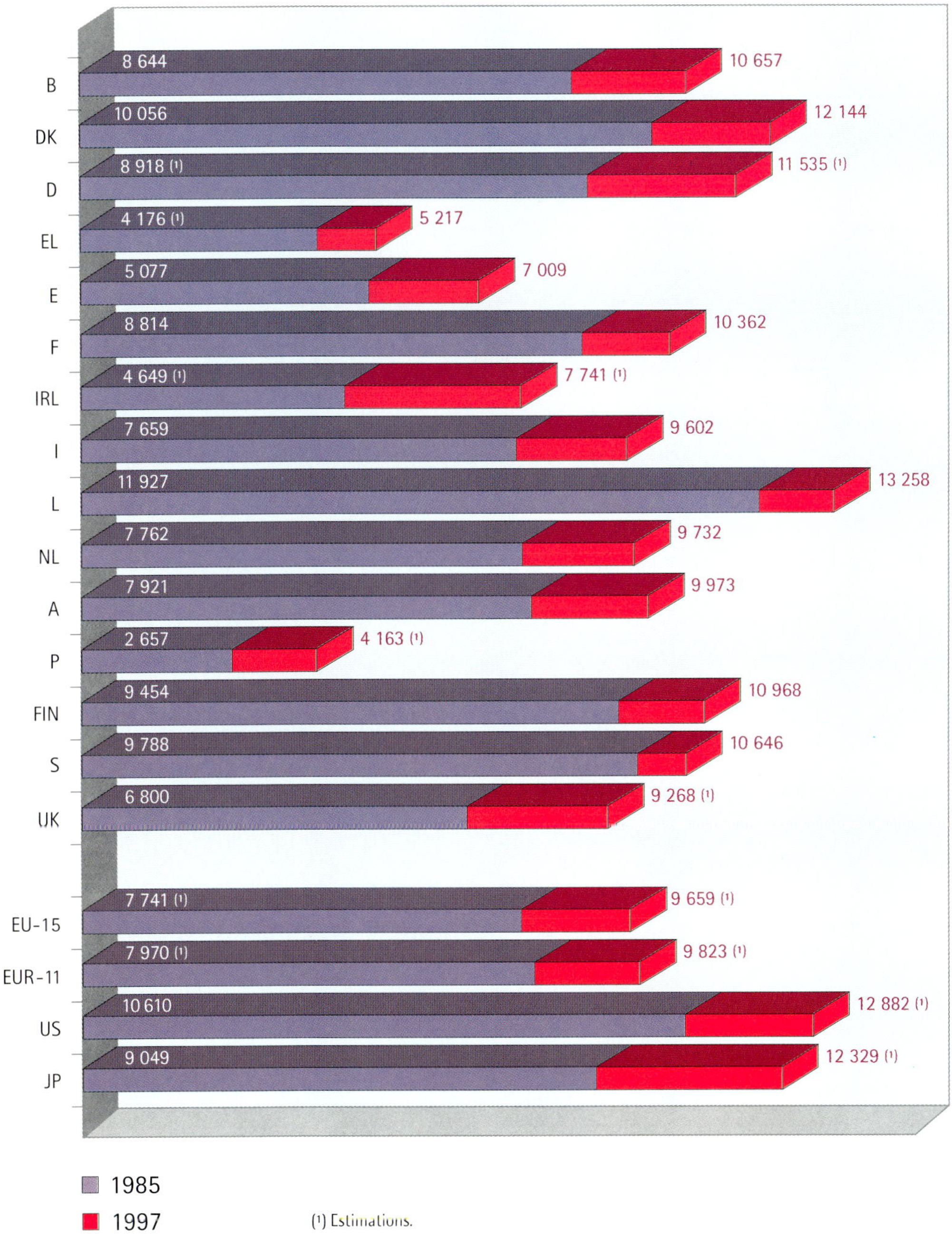

(1) Estimations.

Source: Eurostat.

Variation annuelle moyenne de la consommation des ménages en volume (en %)

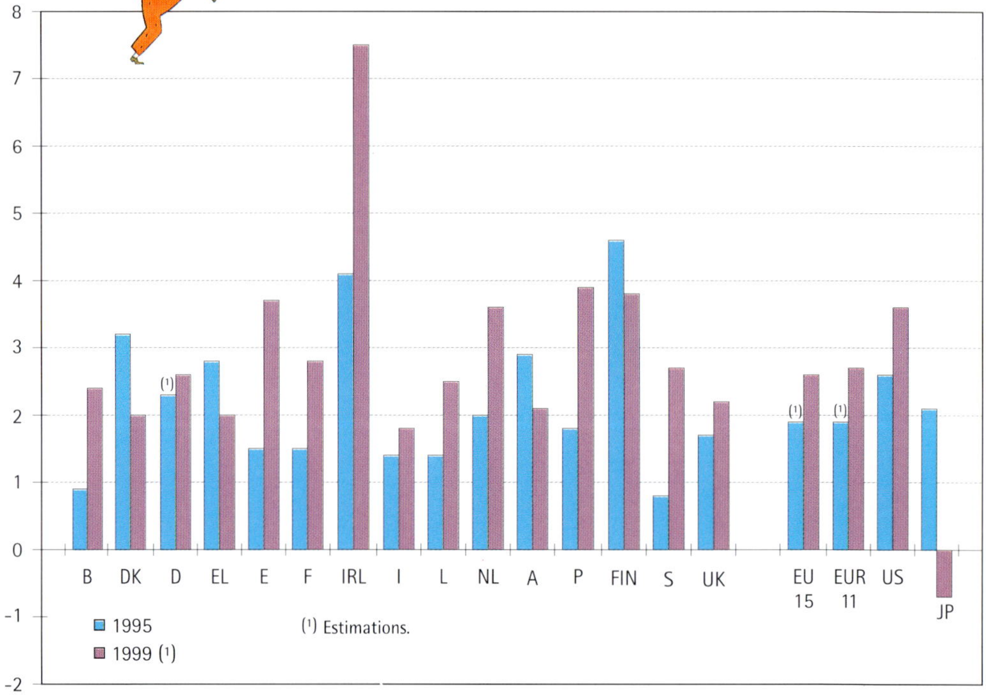

La consommation: la répartition des dépenses

(en % du total de la consommation des ménages) (1)

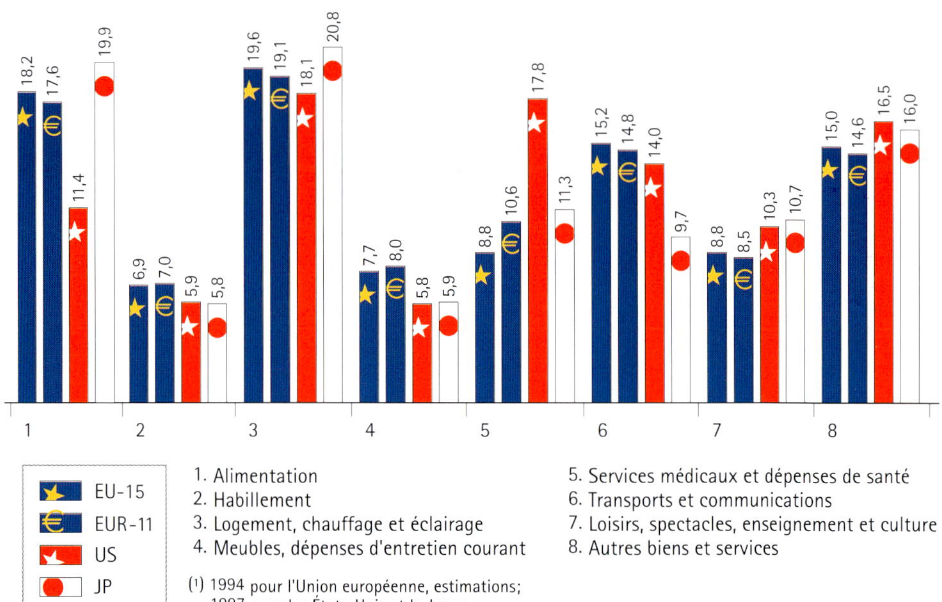

1. Alimentation
2. Habillement
3. Logement, chauffage et éclairage
4. Meubles, dépenses d'entretien courant
5. Services médicaux et dépenses de santé
6. Transports et communications
7. Loisirs, spectacles, enseignement et culture
8. Autres biens et services

(1) 1994 pour l'Union européenne, estimations; 1997 pour les États-Unis et le Japon.

Source: Eurostat.

La protection sociale: du simple au double, selon les États membres

Dépenses de protection sociale (en % du produit intérieur brut, 1996)

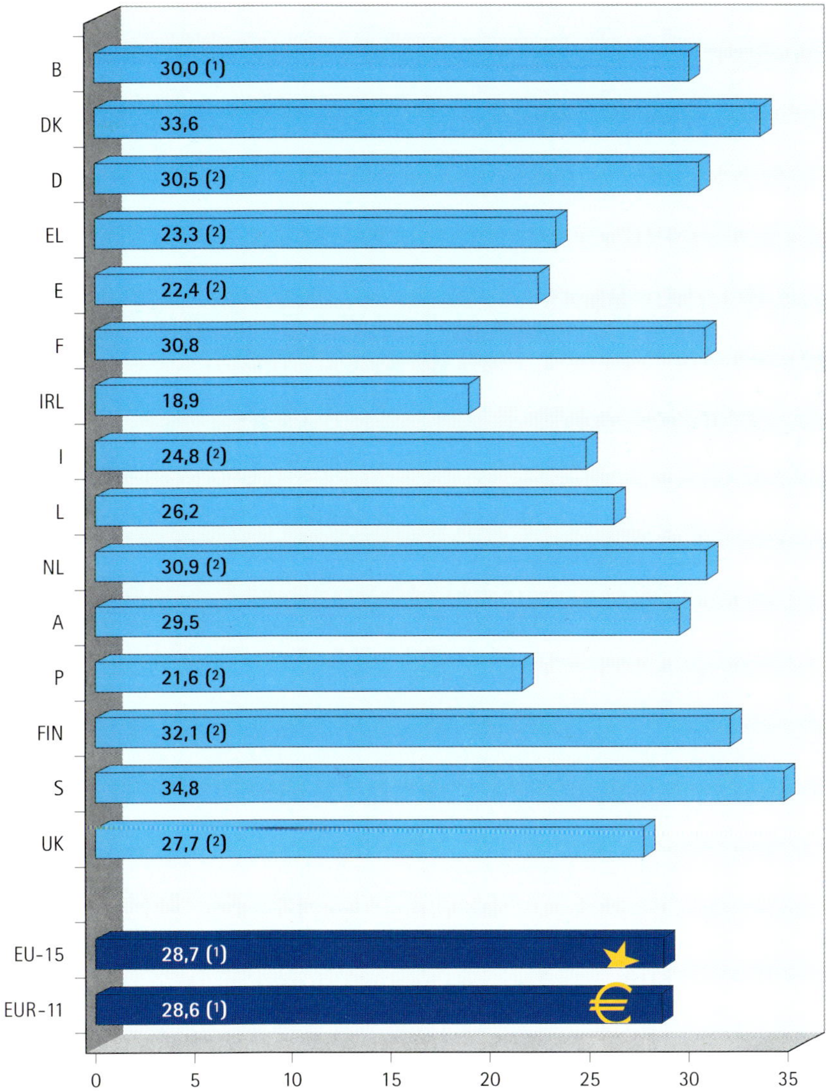

(1) Estimations. (2) Données provisoires.

Source: Eurostat.

Les équipements privés: inégalement répartis

Nombre de ménages (en %)
disposant en 1995 de:

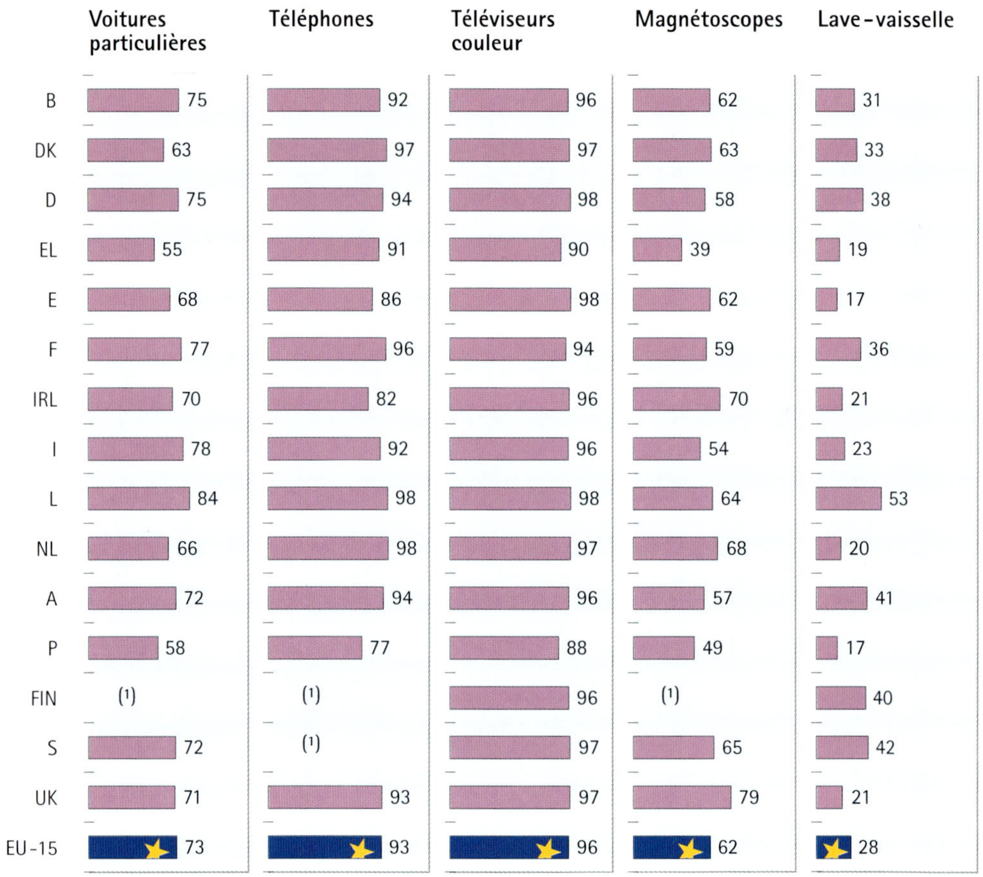

(1) Données non disponibles.

Emploi

La population active et le chômage
La répartition de l'emploi par secteur

Source: Eurostat.

L'emploi et le chômage: un problème prioritaire

Population active (en % de la population totale âgée de 15 à 64 ans, 1998)

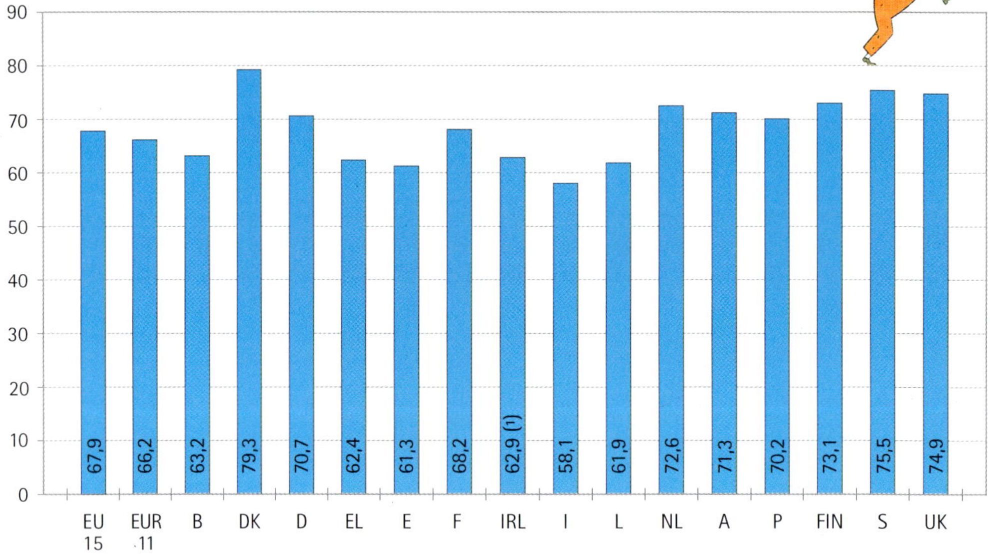

(1) 1997.

Chômage (en % de la population active, moyenne annuelle)

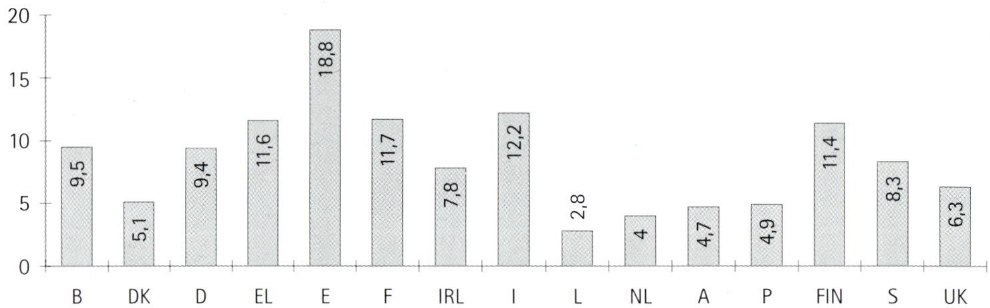

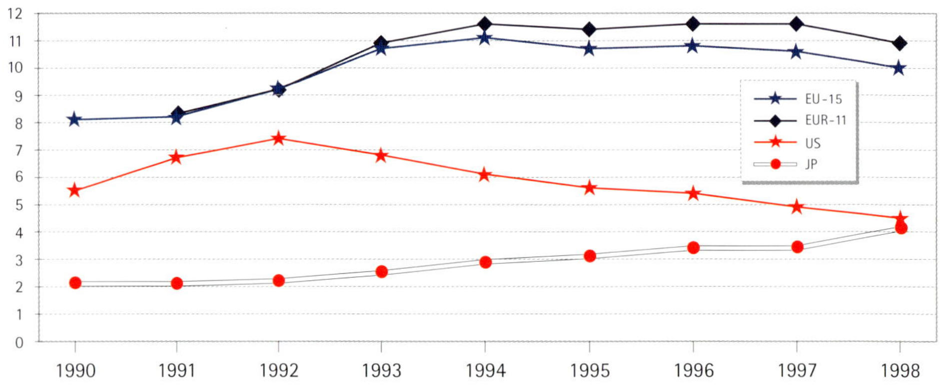

Source: Eurostat.

L'emploi: la part des femmes et celle des hommes

Population active civile (en % de la population âgée de 15 à 64 ans, 1998)

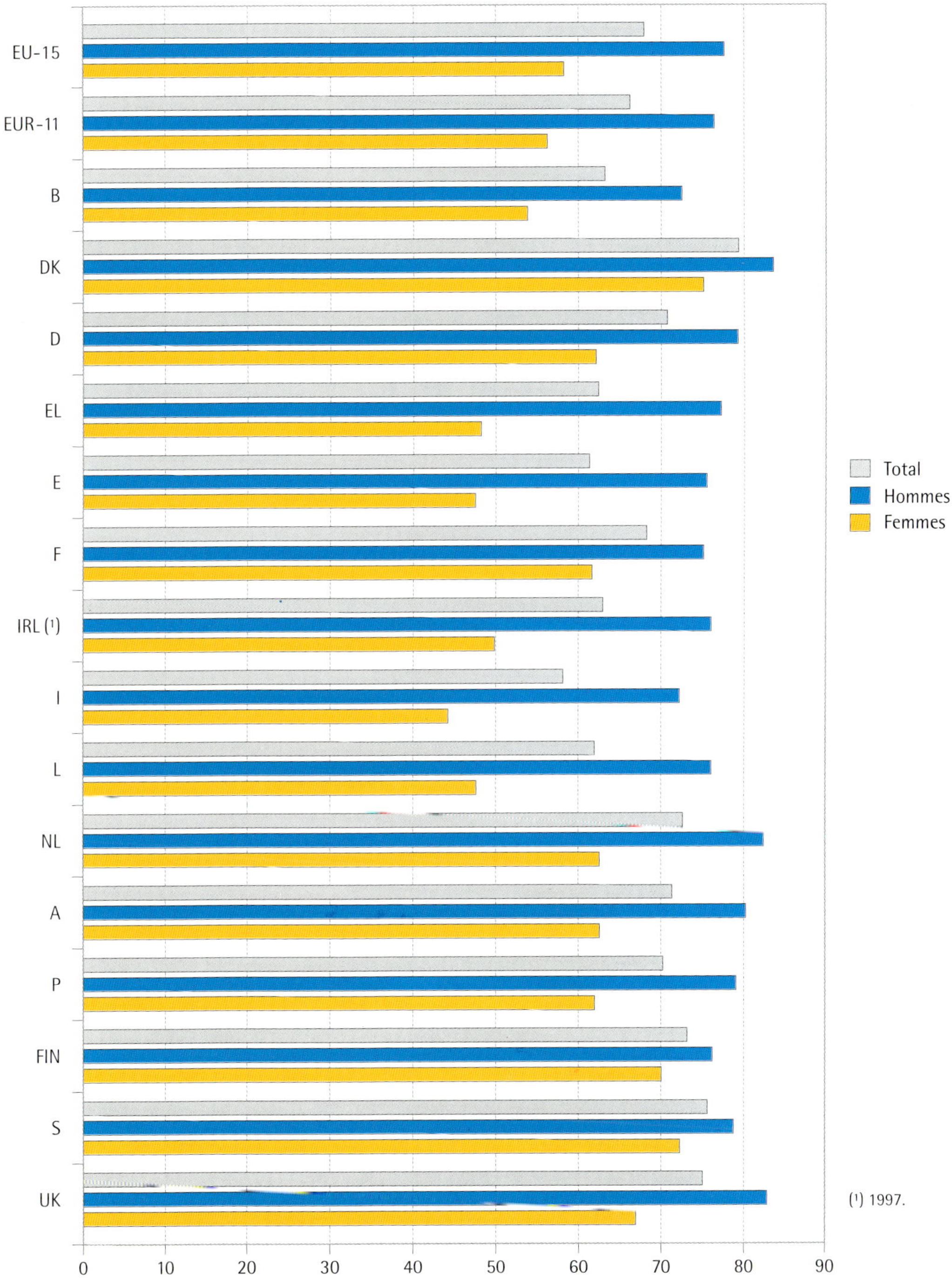

(1) 1997.

Source: Eurostat.

Le chômage: plus élevé chez les femmes que chez les hommes

Taux de chômage par sexe (en %, 1998)

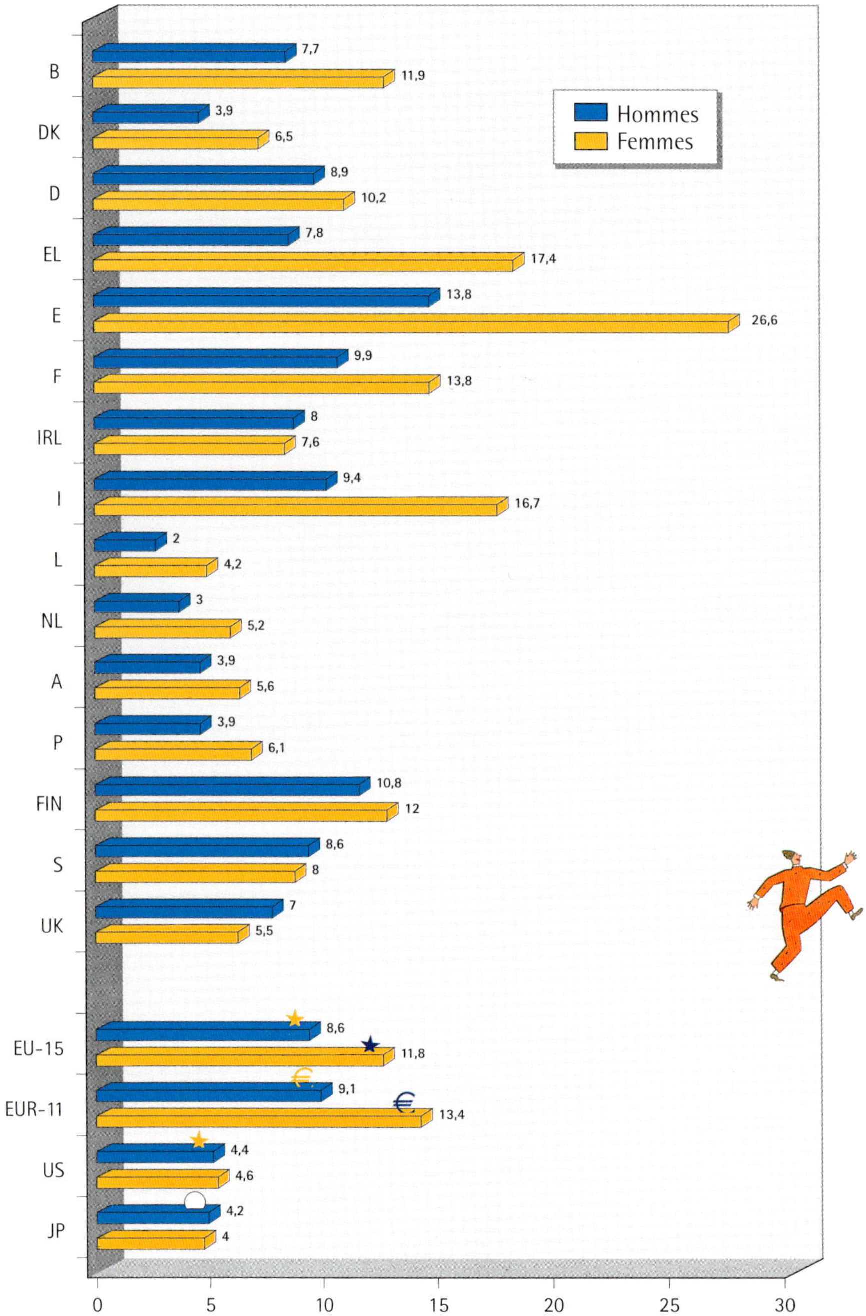

Source: Eurostat.

Le chômage: les plus touchés

Part des femmes dans le chômage total (en %, 1998)

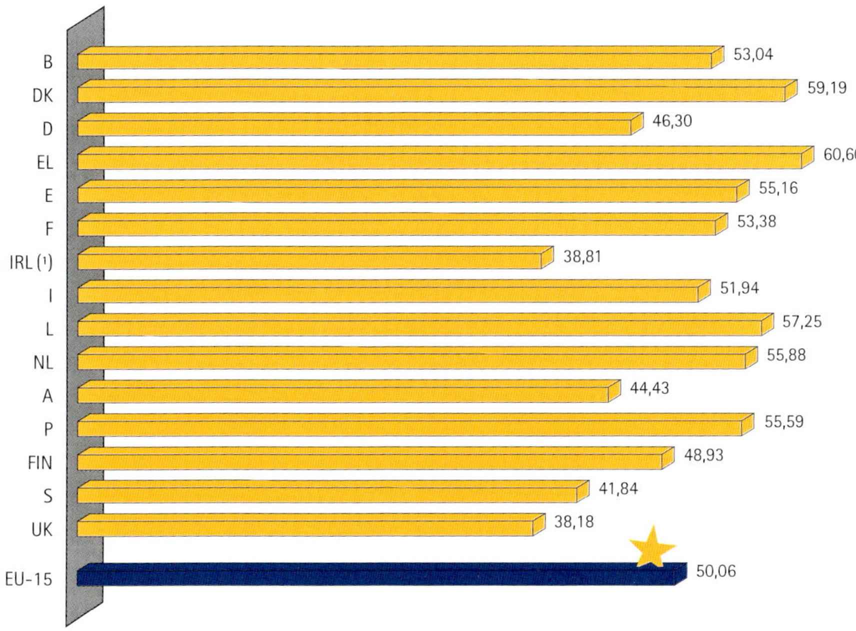

(1) 1997.

Le chômage: les plus touchés

Taux de chômage des jeunes de moins de 25 ans (en %, 1998)

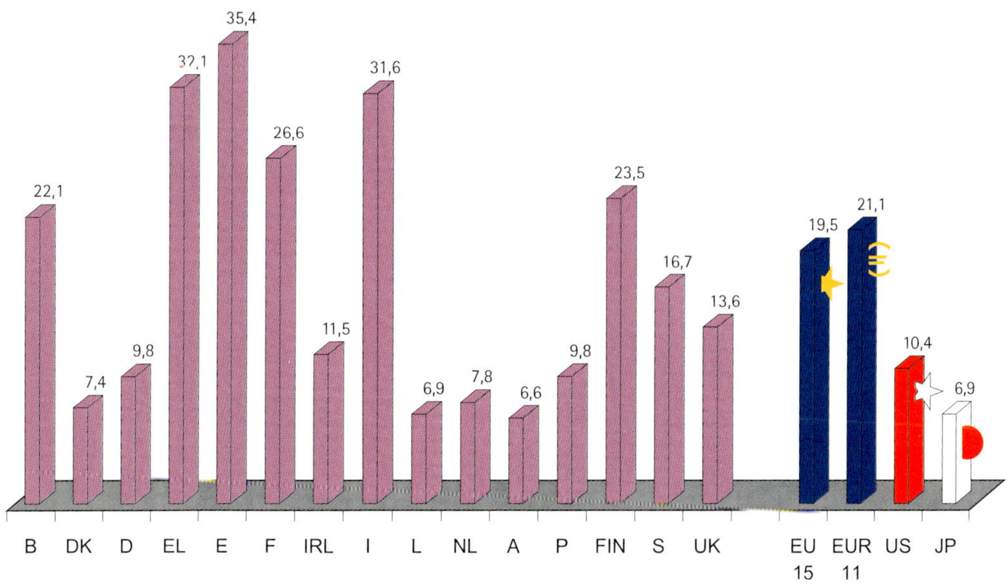

Source: Eurostat.

Le chômage: de fortes inégalités régionales

Taux de chômage dans les régions de l'Union (en %, 1997)

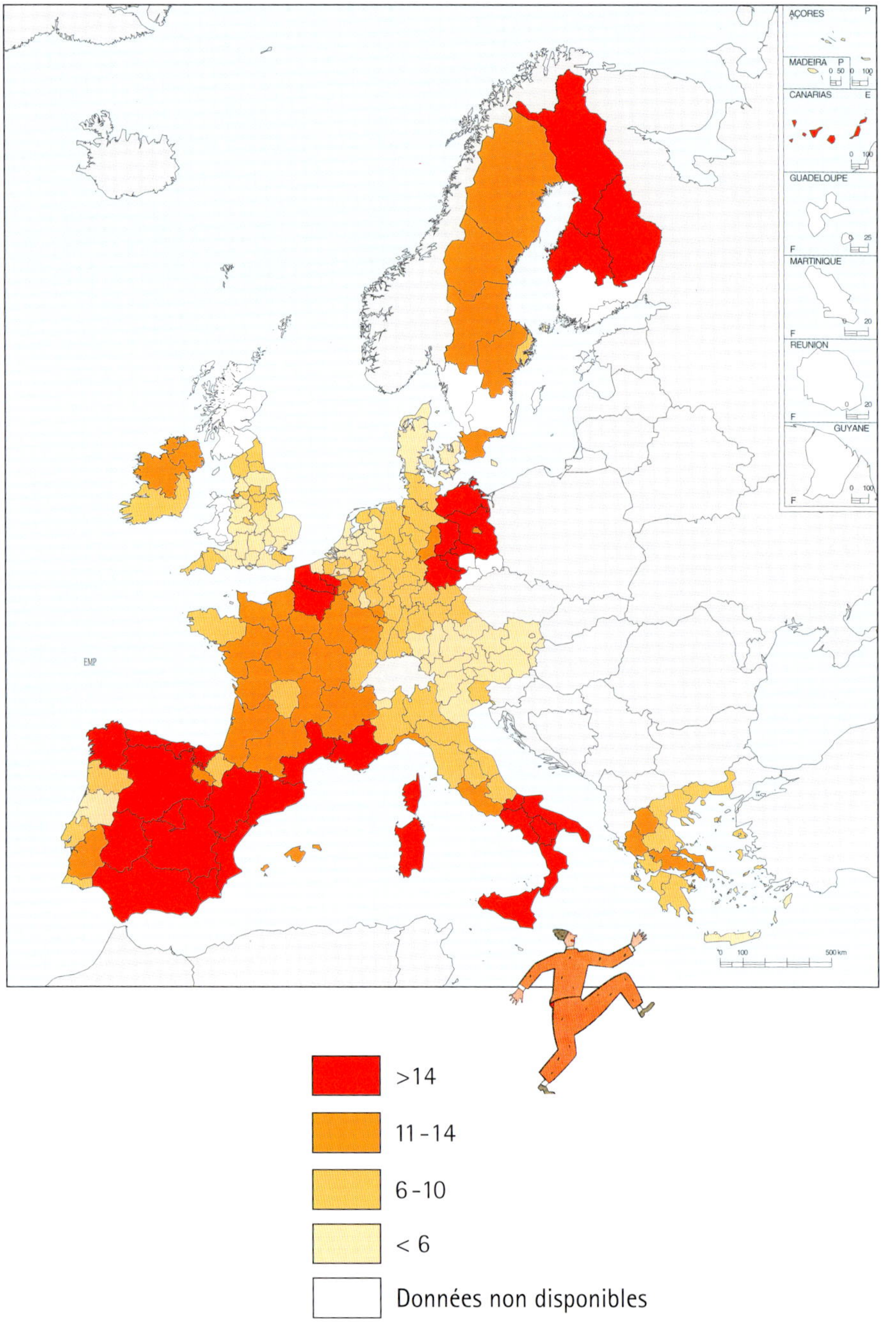

Source: Eurostat.

Les secteurs d'emploi: les services en tête

Part des différents secteurs économiques dans l'emploi total (en %, 1998)

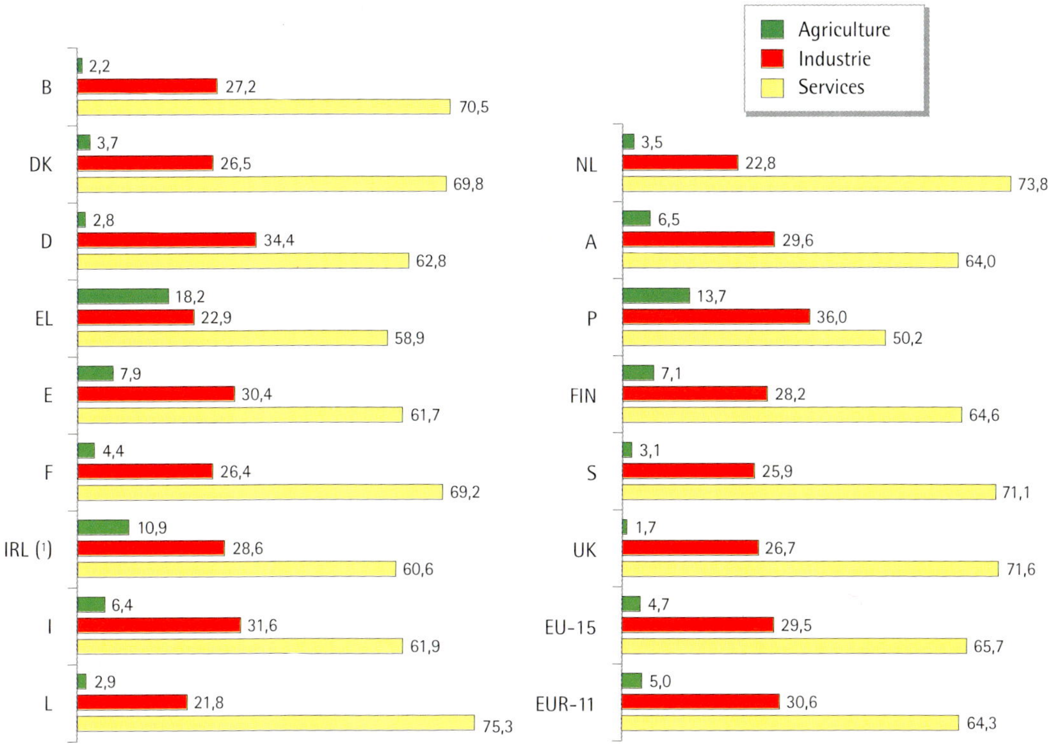

(1) 1997.

Répartition des hommes et des femmes par secteur (en millions de personnes, EU-15, 1998)

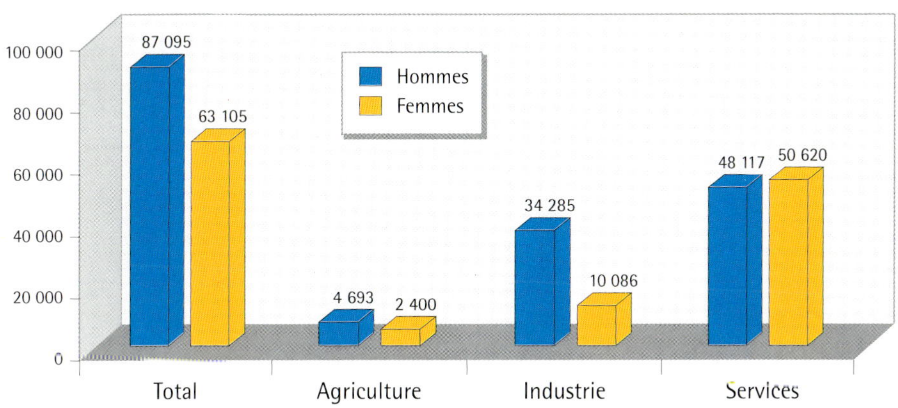

Économie

Les services
L'industrie
L'agriculture
Les transports
Le tourisme
L'approvisionnement en énergie
L'inflation

Source: Eurostat.

Les services: une domination confirmée

Part des services dans la valeur ajoutée brute (en %, 1997)

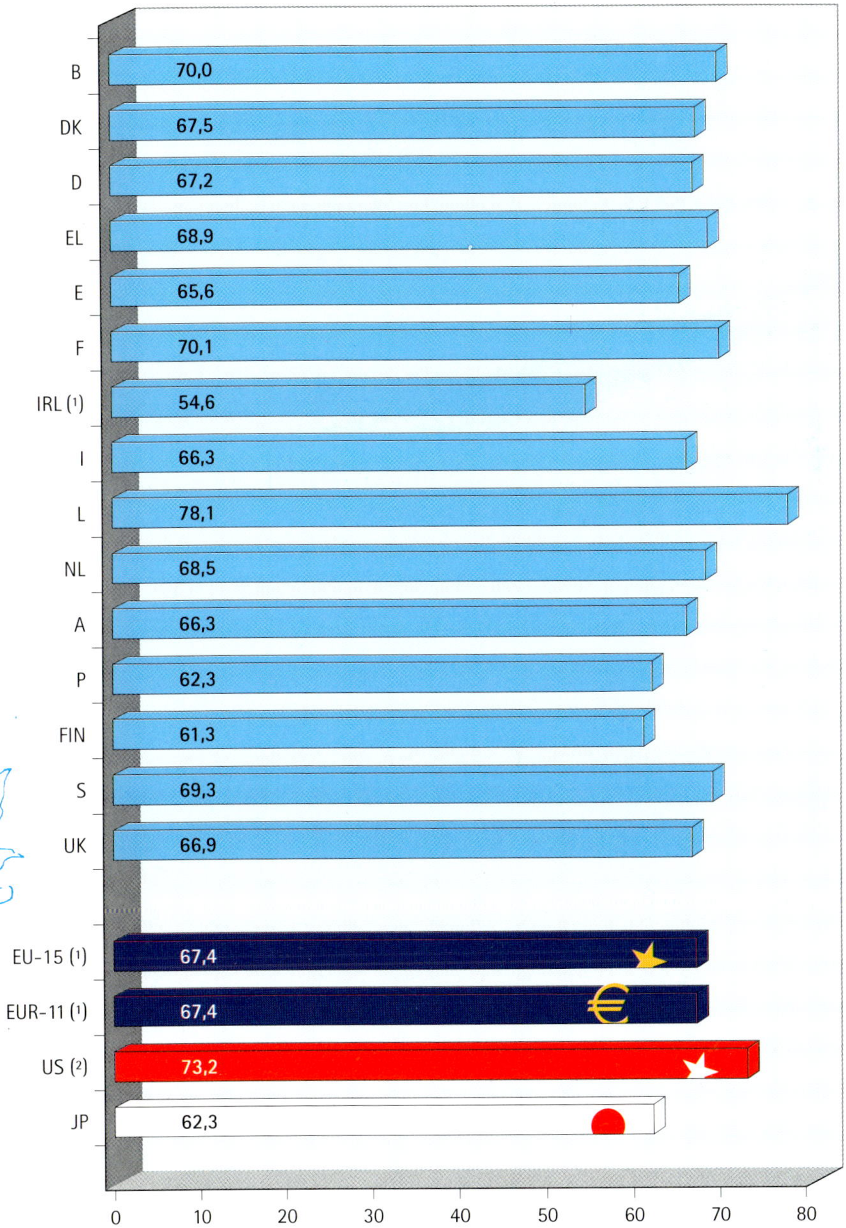

(1) Estimation 1997. (2) Estimation 1996.

Source: Eurostat.

L'industrie: l'Europe au défi

Évolution de la production industrielle (1990 = 100) (1)

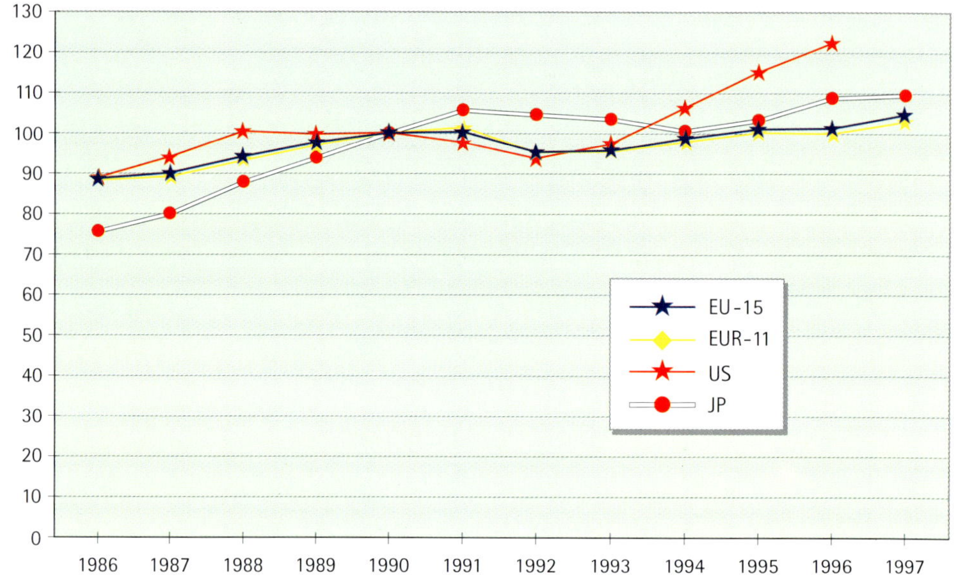

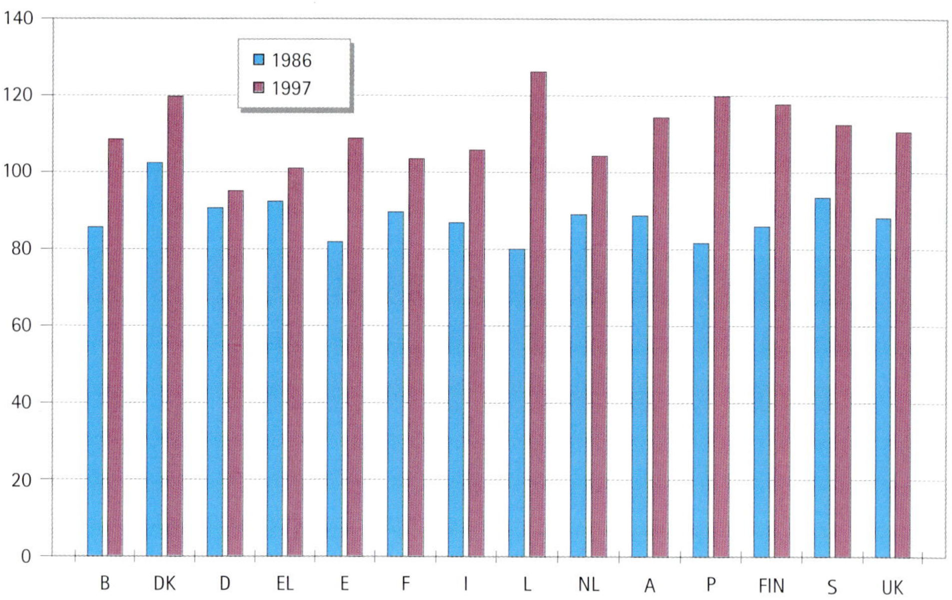

(1) Secteurs de l'énergie et de la construction compris.
Estimations pour la plupart des États. EU-15 et EUR-11 sans Irlande (les données ne sont pas disponibles pour ce pays).

Source: Eurostat.

L'agriculture européenne: un potentiel remarquable

Chiffres clés de l'agriculture, 1997

Superficie agricole utilisée (en milliers d'hectares)

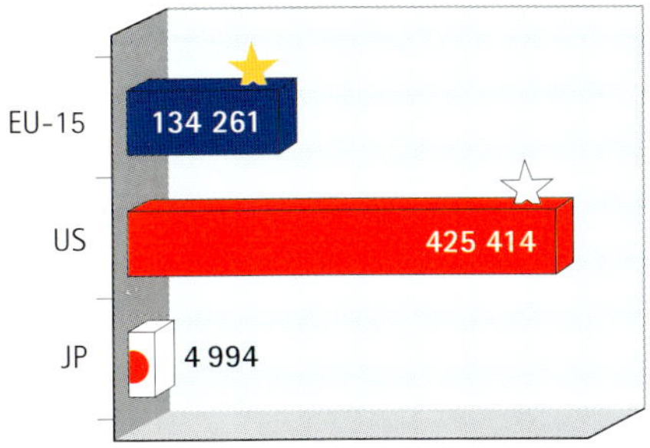

Nombre d'exploitations agricoles (en milliers)

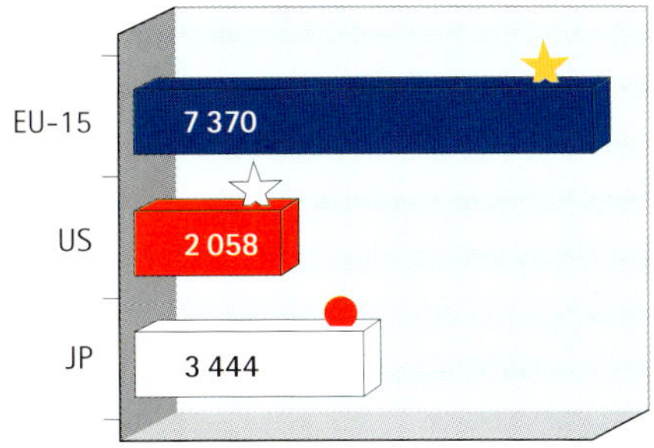

Part des produits agricoles et alimentaires dans les échanges de tous produits

(1) Part dans les importations (%)

(2) Part dans les exportations (%)

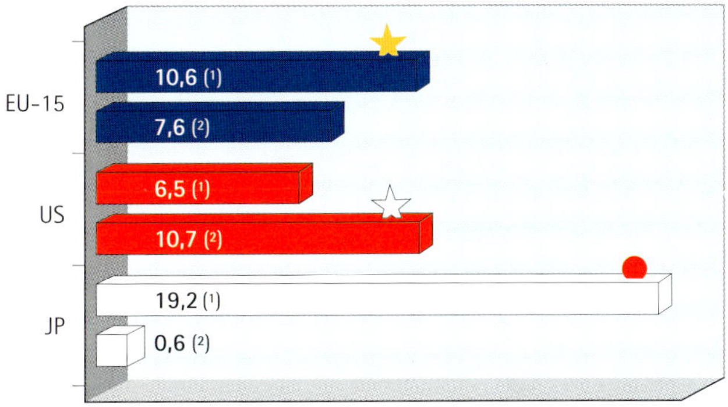

Part des États membres dans la production finale de l'agriculture (en %, 1997)

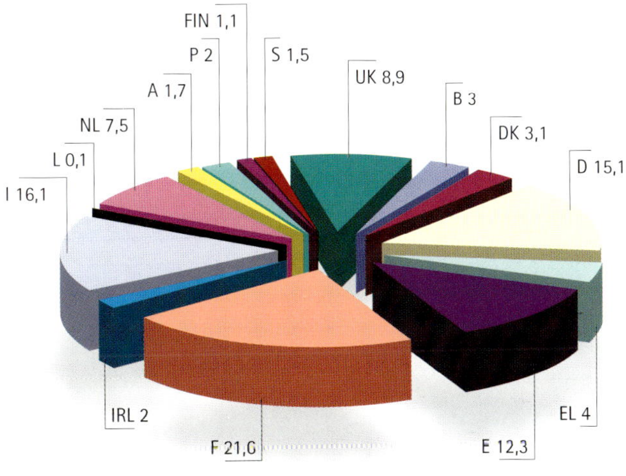

Source: Eurostat; *DG Transports.*

Les transports: des réseaux très développés

Autoroutes et chemins de fer, en km pour 1 000 km² (1996)

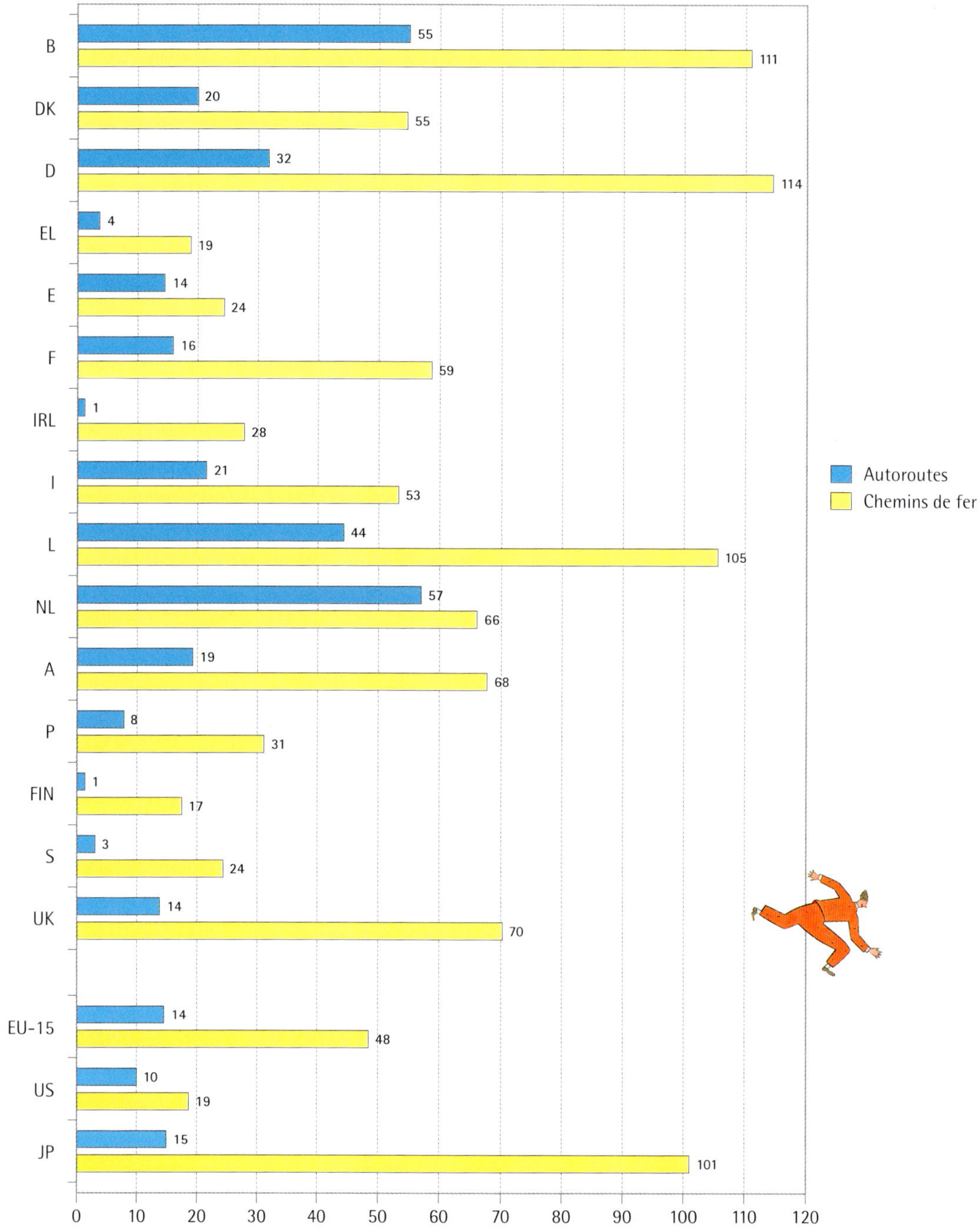

Source: Eurostat; *DG Transports.*

Les transports: artères vitales du grand marché

Répartition modale du transport terrestre intérieur de marchandises (tonnes-kilomètres, en %, 1997)

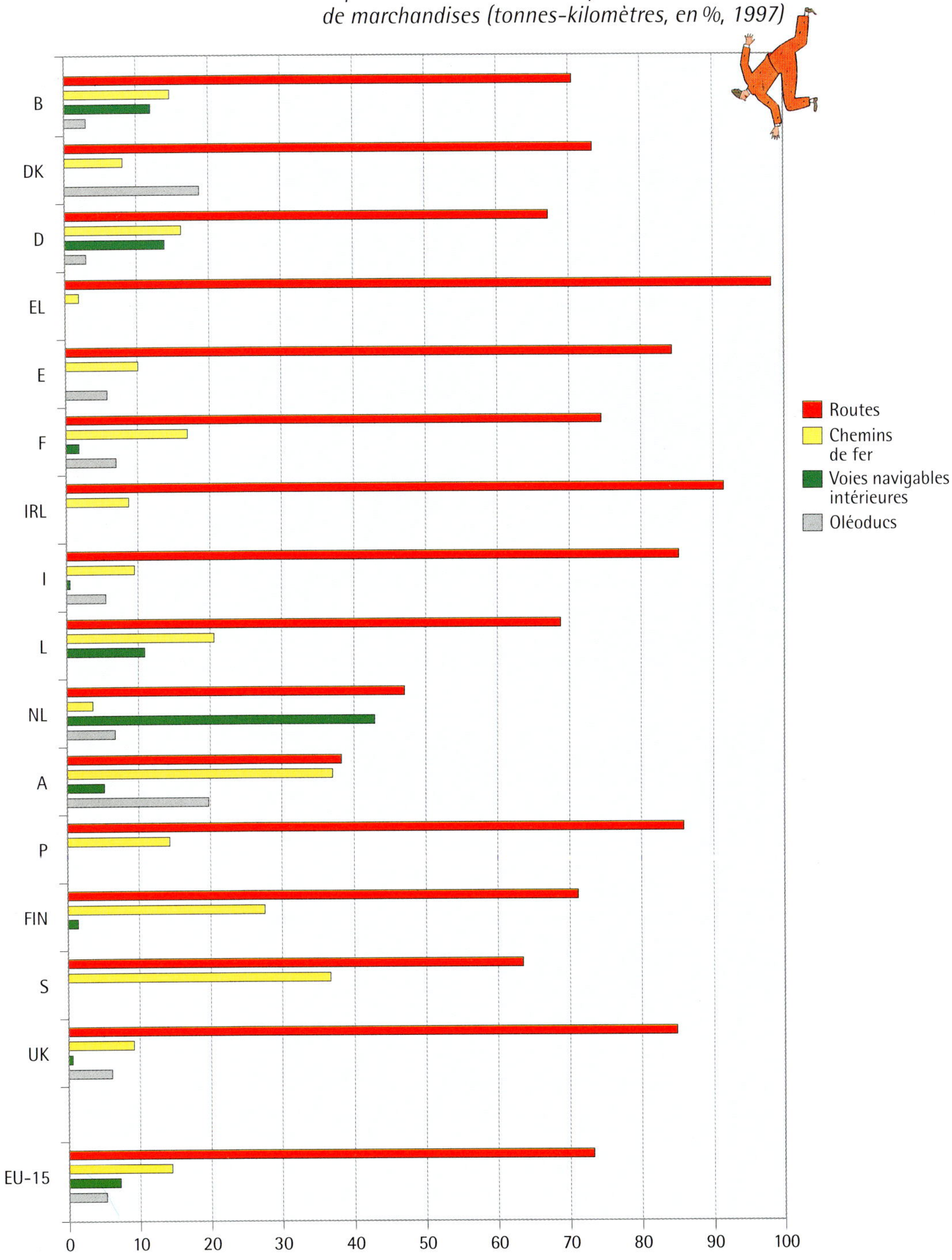

Source: Eurostat.

Le tourisme: une activité importante

Principaux pays d'accueil et de départ (recettes et dépenses du tourisme international, en millions d'écus, 1998)

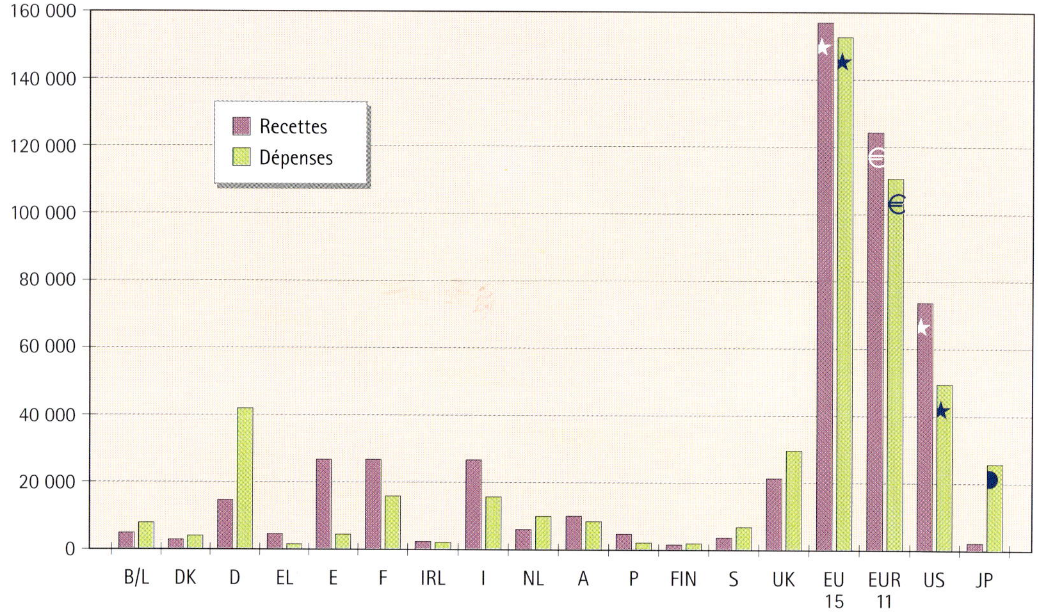

Nombre d'hôtels et autres établissements (en 1998) (1)

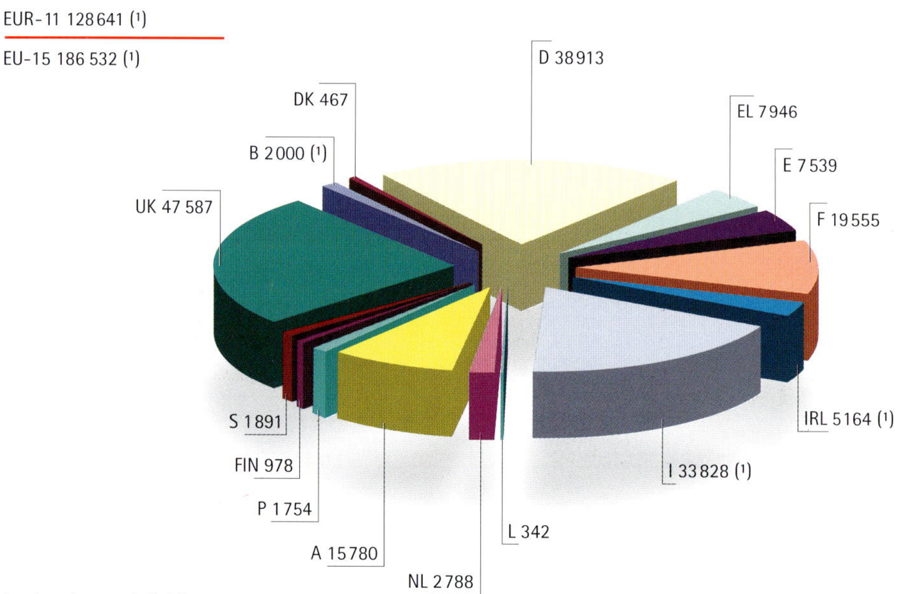

(1) Les données pour la Belgique, l'Irlande et l'Italie sont celles de 1997.

Source: Eurostat.

L'énergie: le poids accru des importations

Degré de dépendance en énergie (en %) (1)

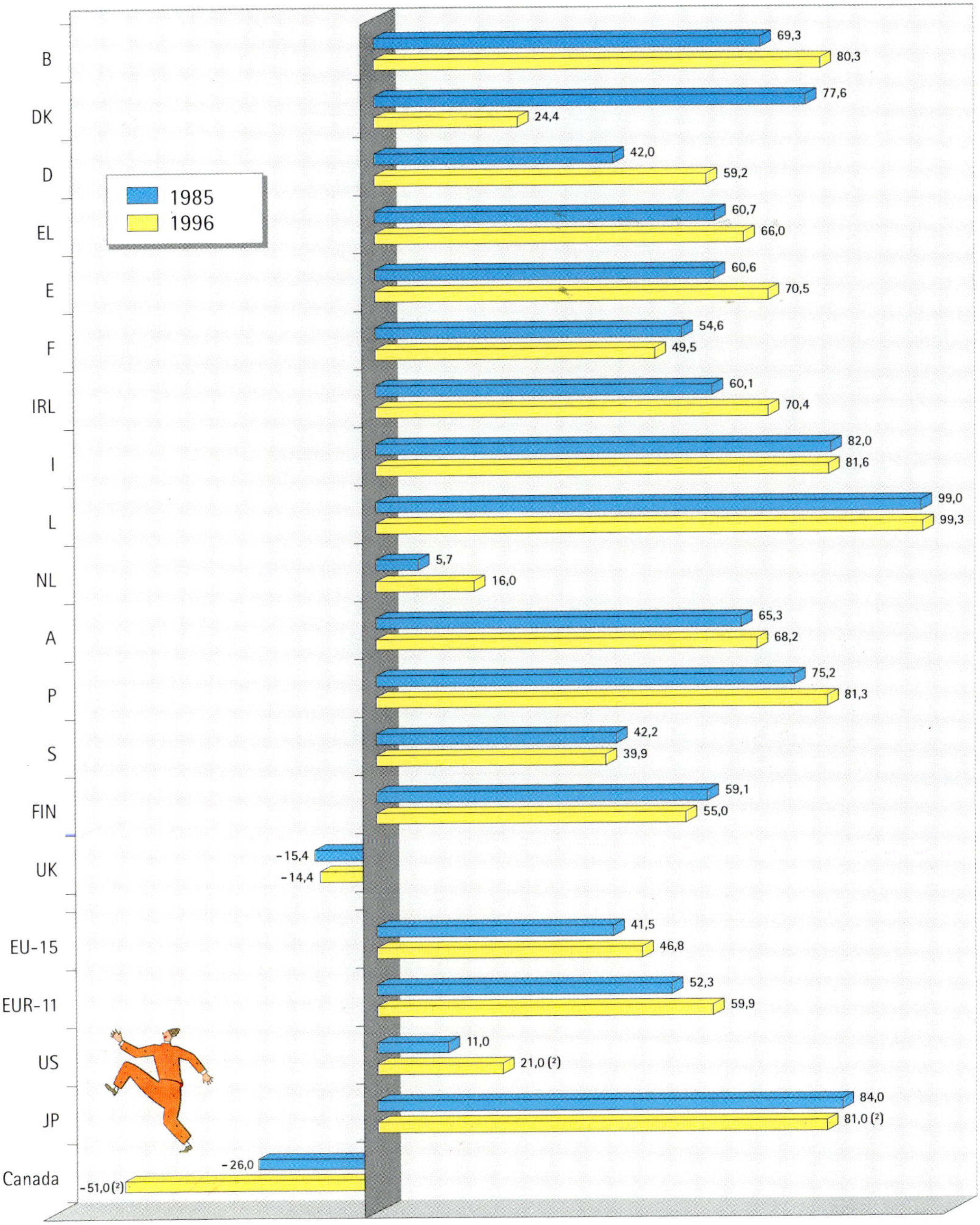

(1) Part des importations nettes (diminuées de la valeur des exportations) dans le total de la consommation.

(2) 1995.

Source: Eurostat.

L'inflation: terrassée ?

Indices des prix à la consommation: taux de variation moyens annuels (en %)

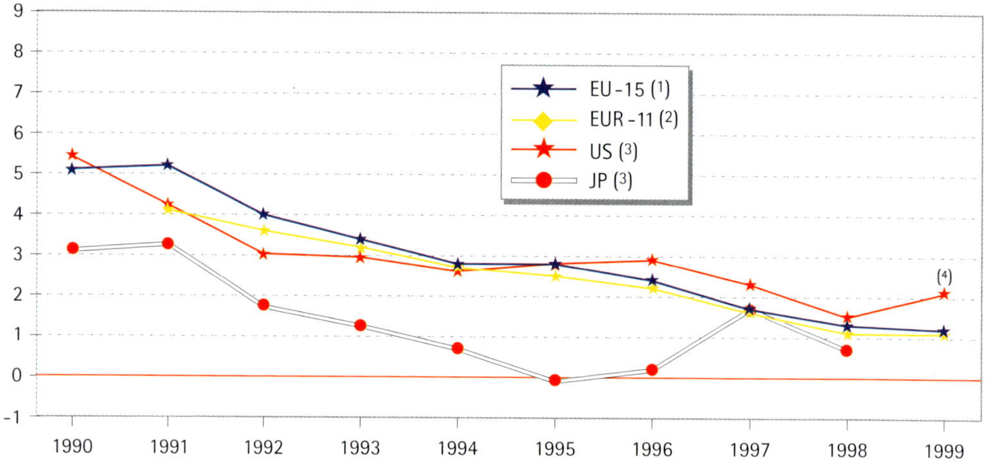

(1) 1990-1996: estimations. (2) 1991-1995: estimations. (3) Concept national. (4) Novembre 1999.

Indices harmonisés des prix à la consommation: taux de variation moyens annuels (en %)

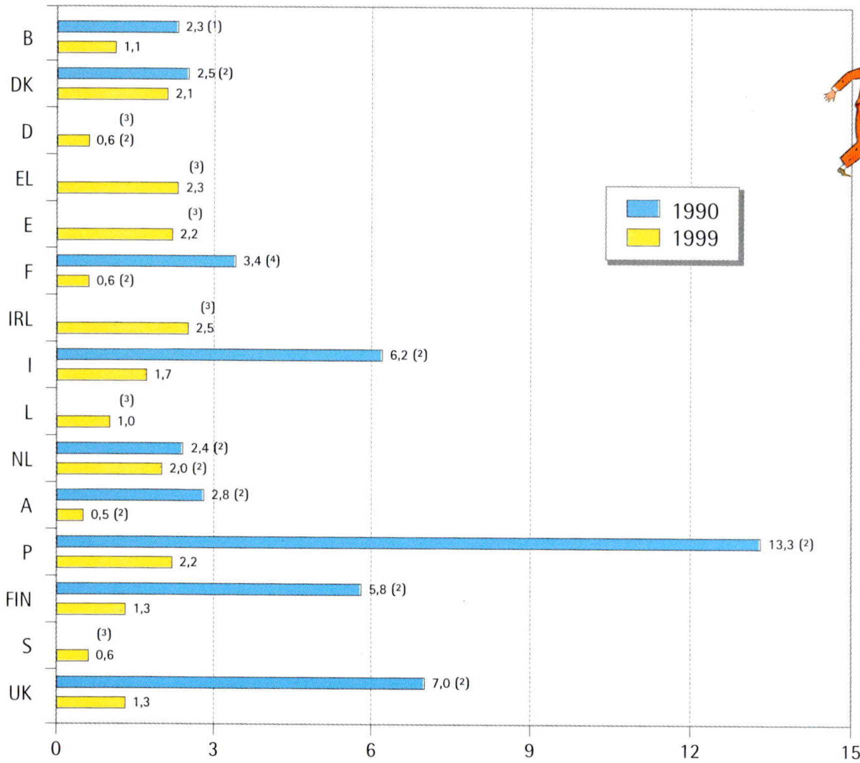

(1) 1992. (2) Estimations. (3) Données non disponibles. (4) 1991.

L'Europe dans le monde

Le commerce international
L'aide au développement

Sources: Eurostat *(Comext)* et, *pour les pays tiers, Fonds monétaire international.*

Le commerce: l'Union européenne, premier partenaire des échanges internationaux

Répartition du commerce mondial (en %, 1998)

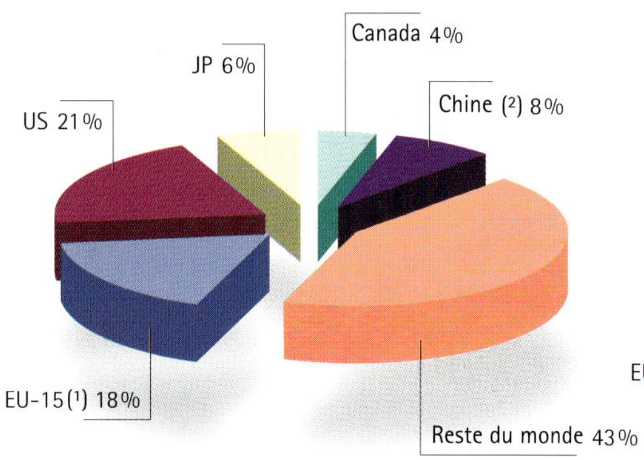

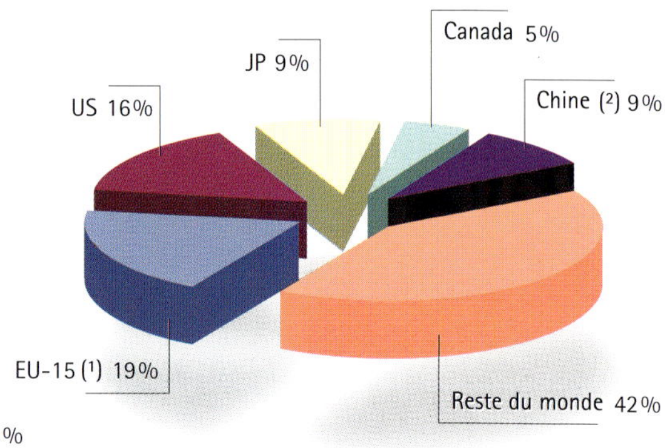

(1) Sans les échanges entre États membres.

(2) Hong Kong inclus.

Part des États membres dans le commerce de l'Union européenne (en %, 1998) (1)

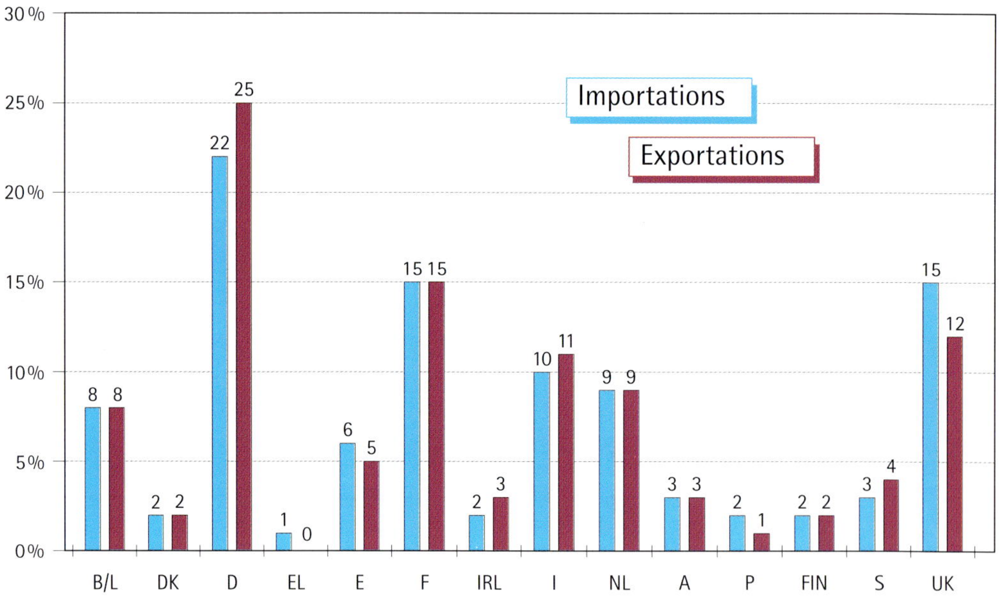

(1) Y compris les échanges entre États membres.

Sources: OCDE et Eurostat.

L'aide au tiers monde: l'Union européenne en tête

Aide publique (en millions de dollars, 1997)

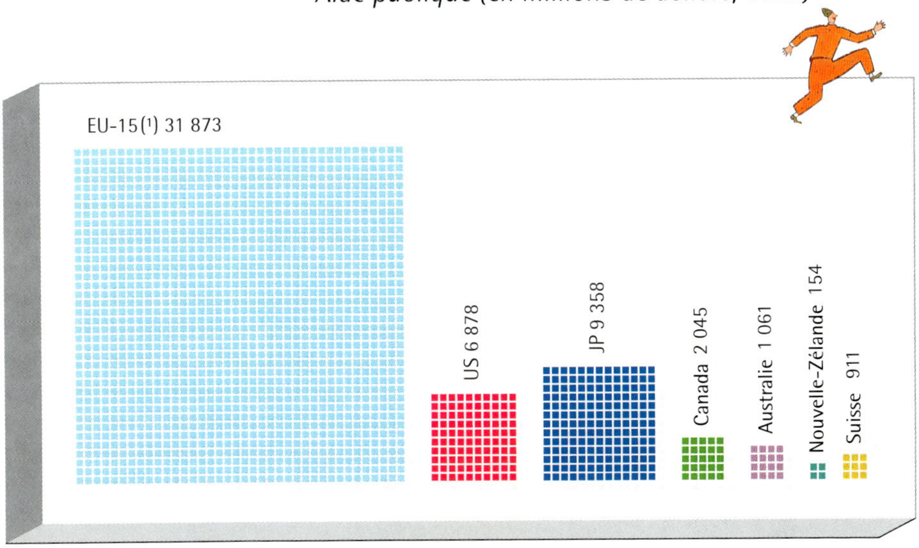

(1) Union + États membres.

Aide publique en % du produit national brut (1997)

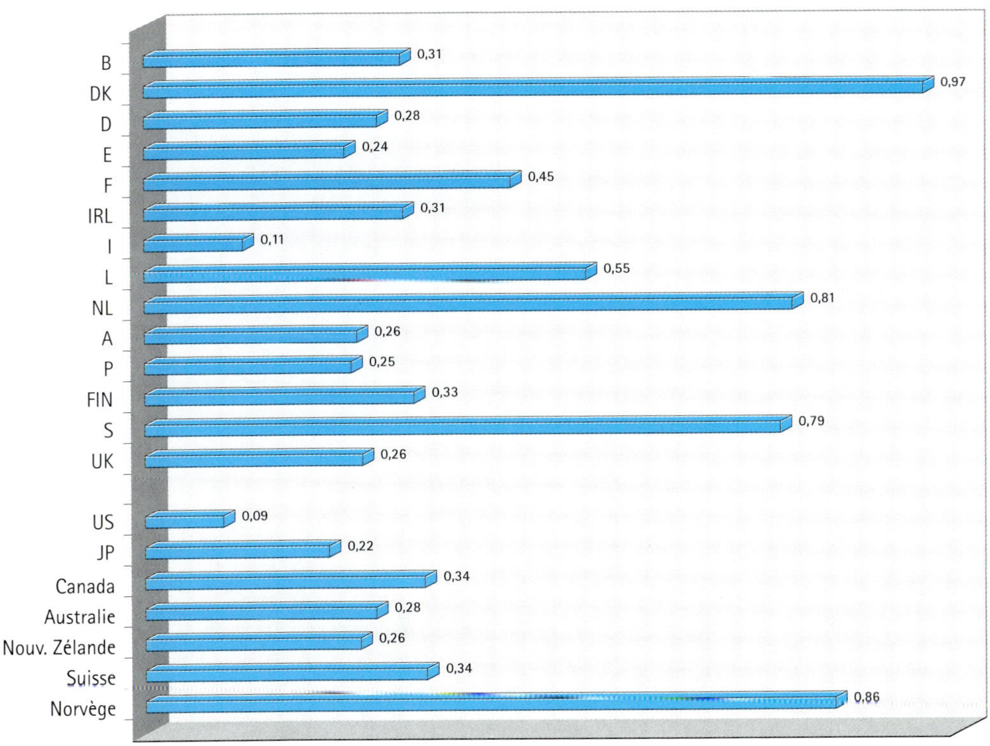

Données non disponibles pour la Grèce.

L'Union européenne et ses citoyens

Le budget de l'Union
Le Parlement européen
L'opinion publique et l'Europe

Source: Commission européenne,
DG Budgets.

Le budget de l'Union: des dépenses limitées

Évolution des dépenses communautaires (en % du total)

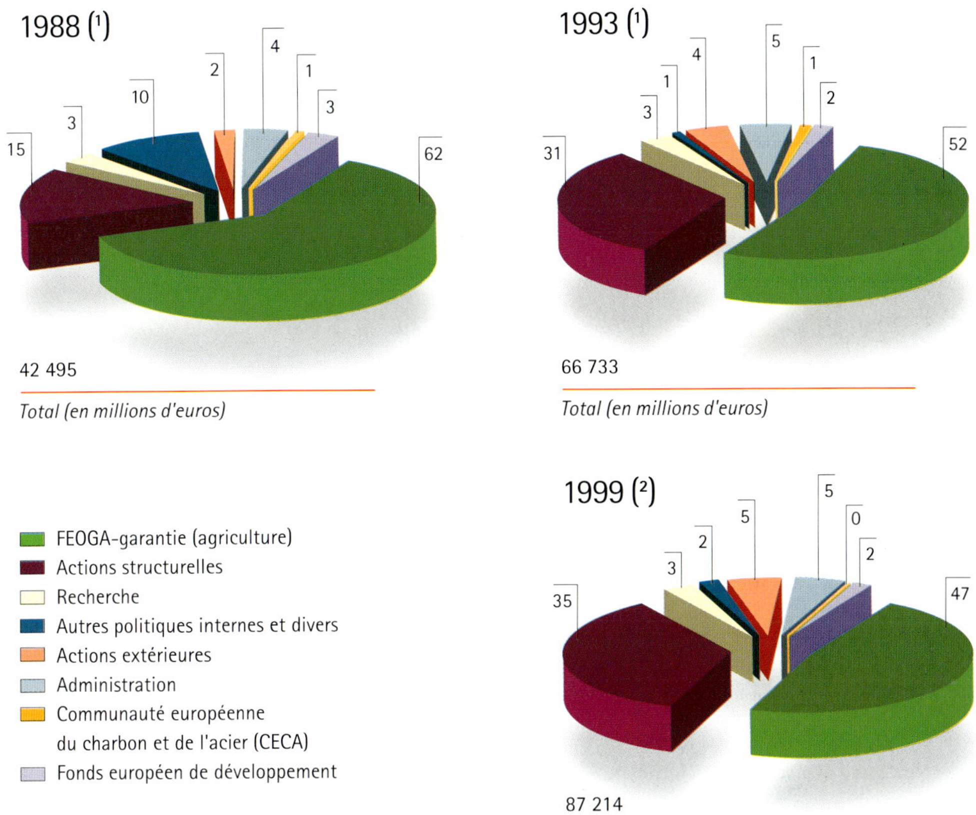

Dépenses communautaires en % du PIB des États membres

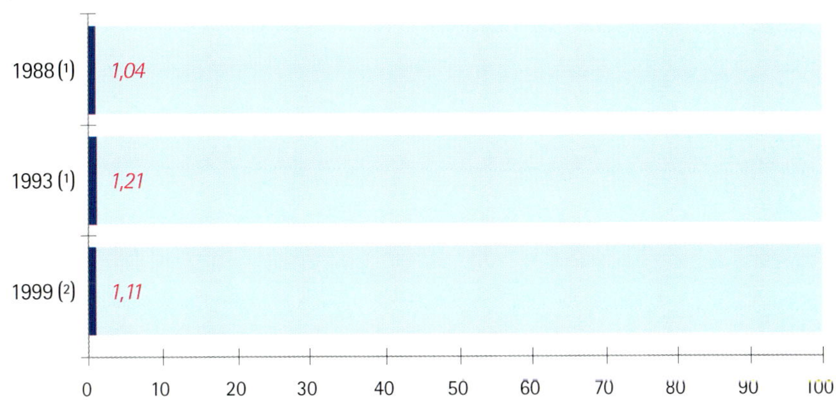

(1) Paiements exécutés. (2) Budget.

Source: Parlement européen.

Le Parlement européen: la voix des Européens

Nombre de sièges par groupe politique ([1])

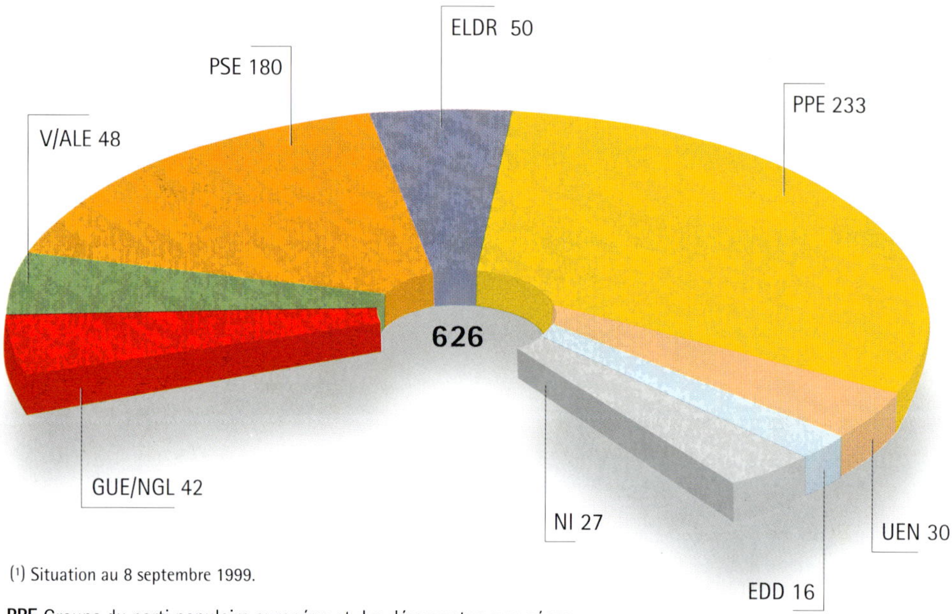

([1]) Situation au 8 septembre 1999.

PPE Groupe du parti populaire européen et des démocrates européens
PSE Groupe du parti des socialistes européens
ELDR Groupe du parti européen des libéraux, démocrates et réformateurs
V/ALE Groupe des Verts/Alliance libre européenne
GUE/NGL Groupe confédéral de la gauche unitaire européenne/Gauche verte nordique
UEN Groupe Union pour l'Europe des nations
EDD Europe des démocraties et des différences
NI Non-inscrits

Nombre de sièges par pays

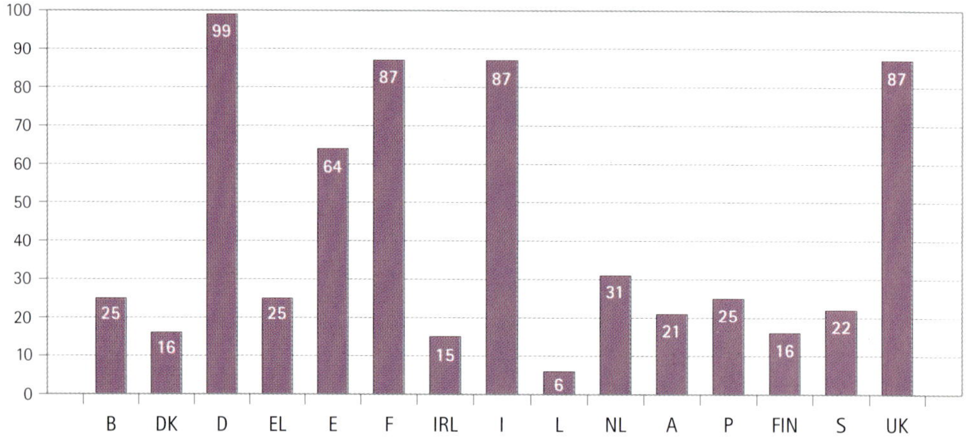

Sources: Eurobaromètre 51, printemps 1999.

Sondage: l'opinion publique et l'Europe

«Le fait pour votre pays de faire partie de l'Union est-il plutôt une bonne ou une mauvaise chose?» (en %)

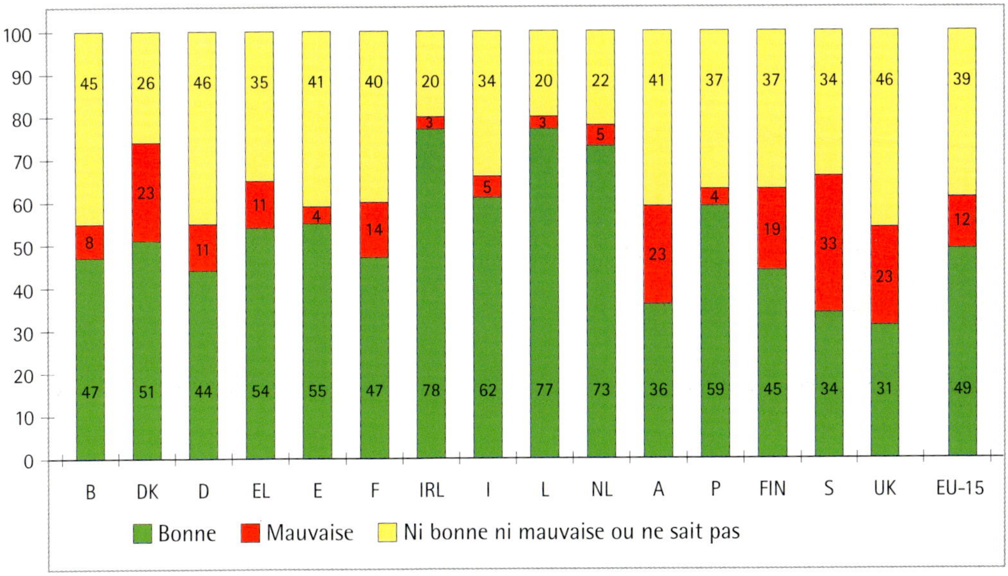

«Parmi ces actions, quelles sont selon vous celles qui doivent être prioritaires pour l'Union européenne?» (en %, moyenne EU-15)

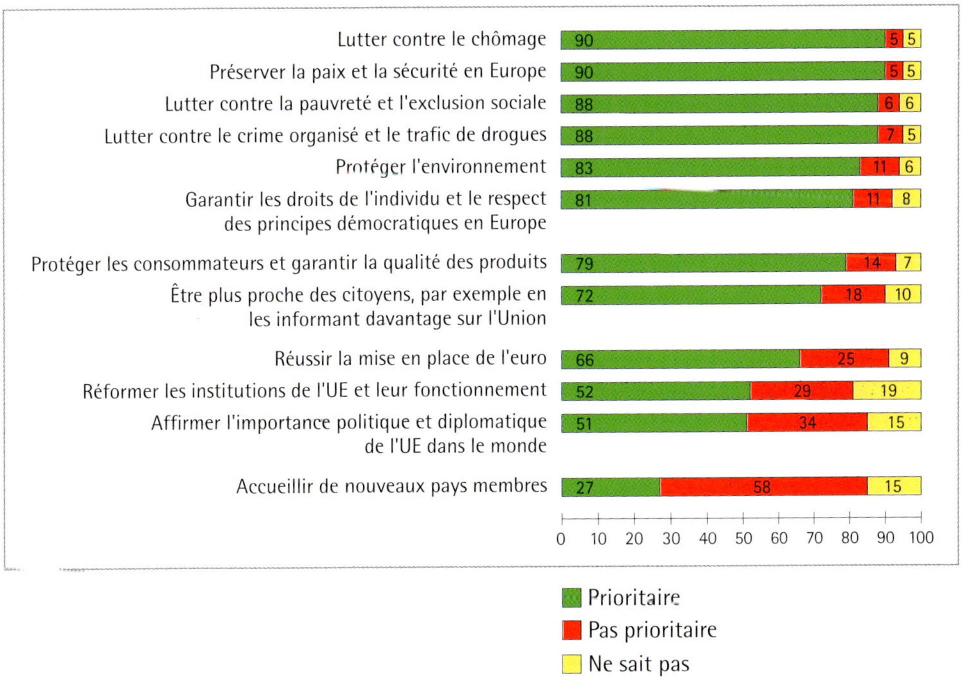

Pays candidats d'Europe Centrale

La population

L'emploi, le niveau de vie et l'économie

Les échanges commerciaux

Source: Eurostat.

La population

Population totale au 31 décembre 1997, en millions

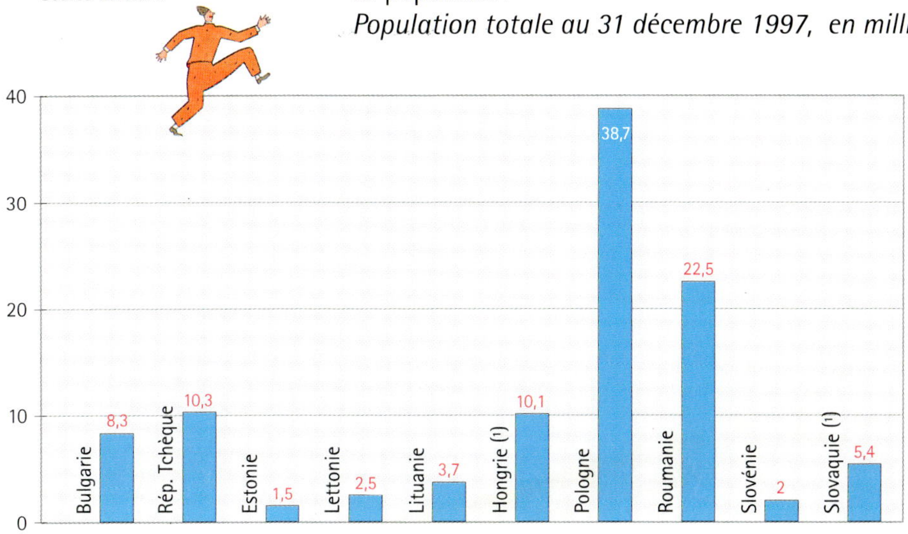

(¹) Données provisoires.

Espérance de vie à la naissance, 1997

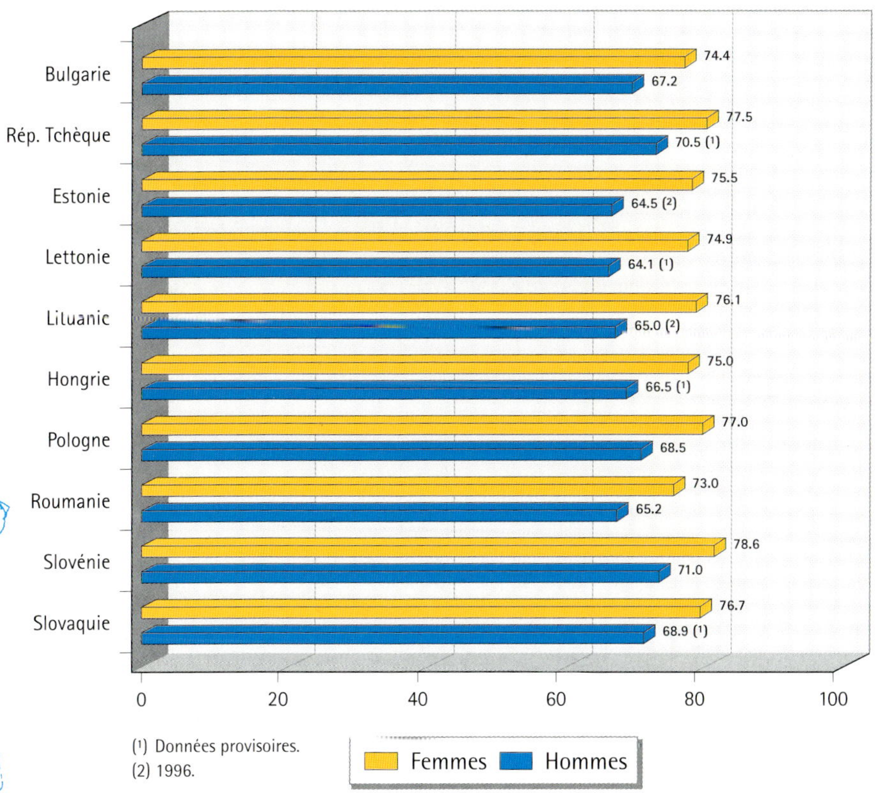

(¹) Données provisoires.
(2) 1996.

Source: Eurostat (Labour Force Survey).

L'emploi, le niveau de vie et l'économie

Taux de chômage, en % de la population active, 1997

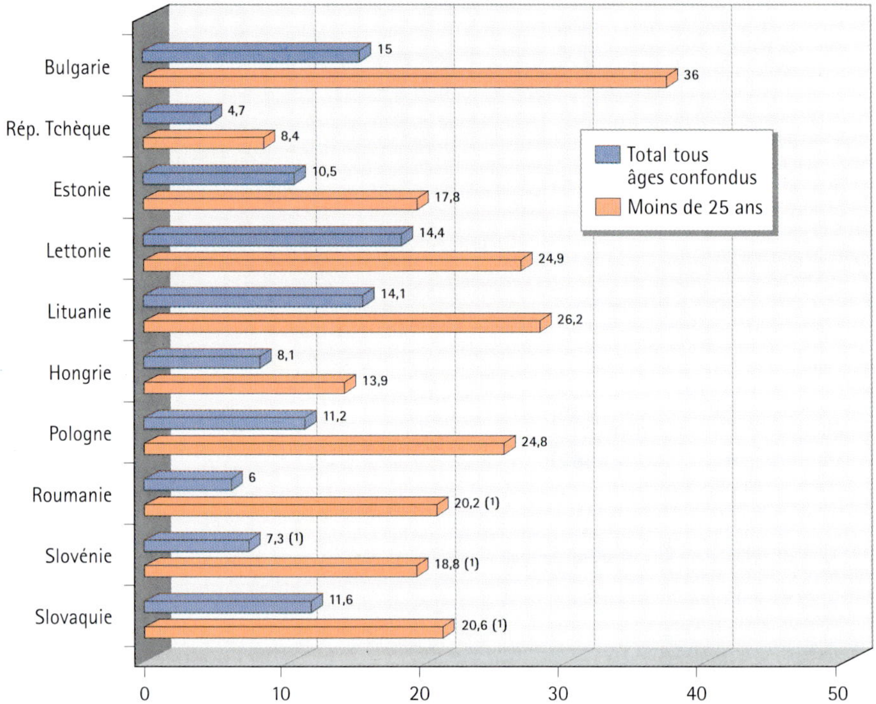

(1) 1996.

Source: Eurostat.

Produit intérieur brut par habitant, 1997

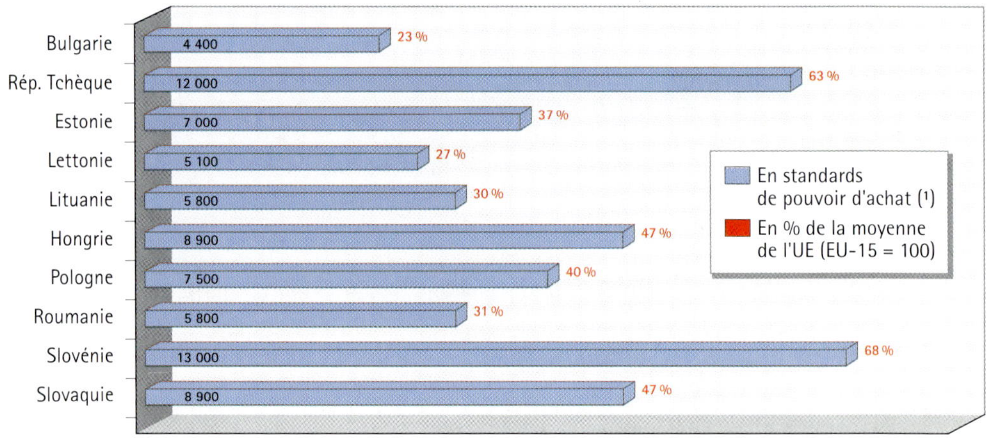

(1) Représentant partout un volume identique de biens et de services, indépendamment du niveau des prix. Sur la base des données démographiques incluses dans les comptes nationaux.

Source: Eurostat.

L'emploi, le niveau de vie et l'économie

Taux de croissance du produit intérieur brut (1)*, 1997*

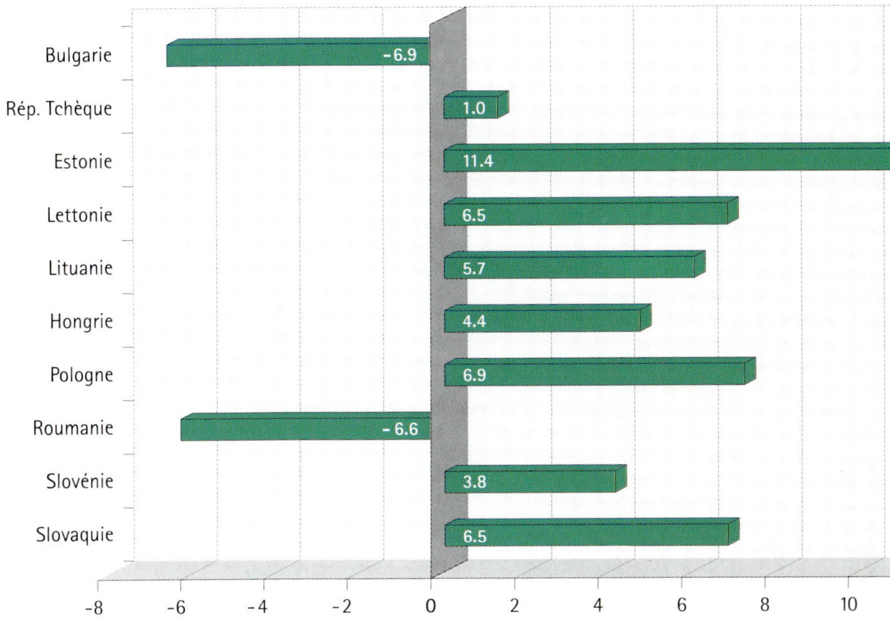

(1) PIB aux prix courants, en % par rapport à l'année précédente.

Indice des prix à la consommation, 1997 (1996 = 100)

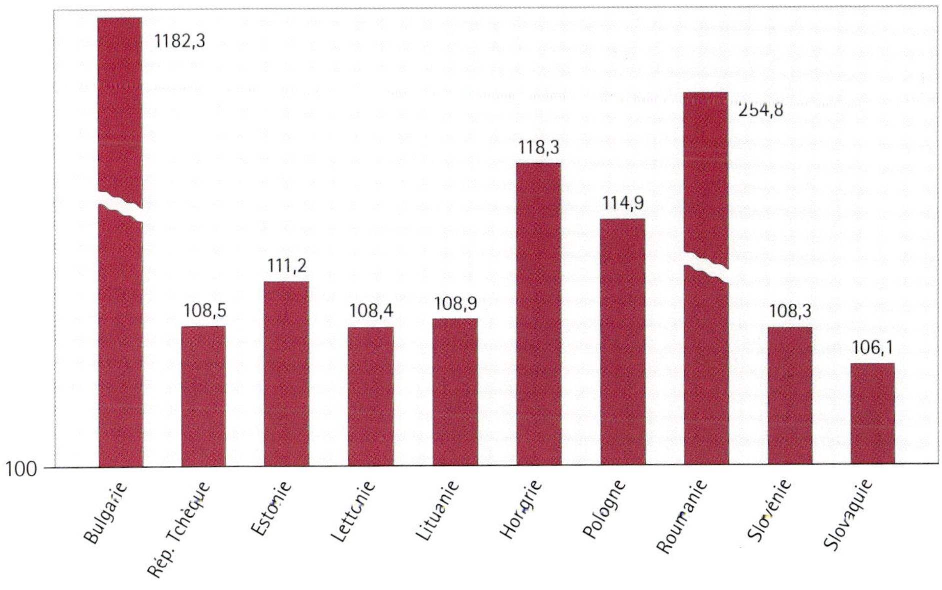

Source: Eurostat.

Les échanges commerciaux avec l'Union européenne
Part de l'Union européenne (en %) dans le total des échanges en 1997

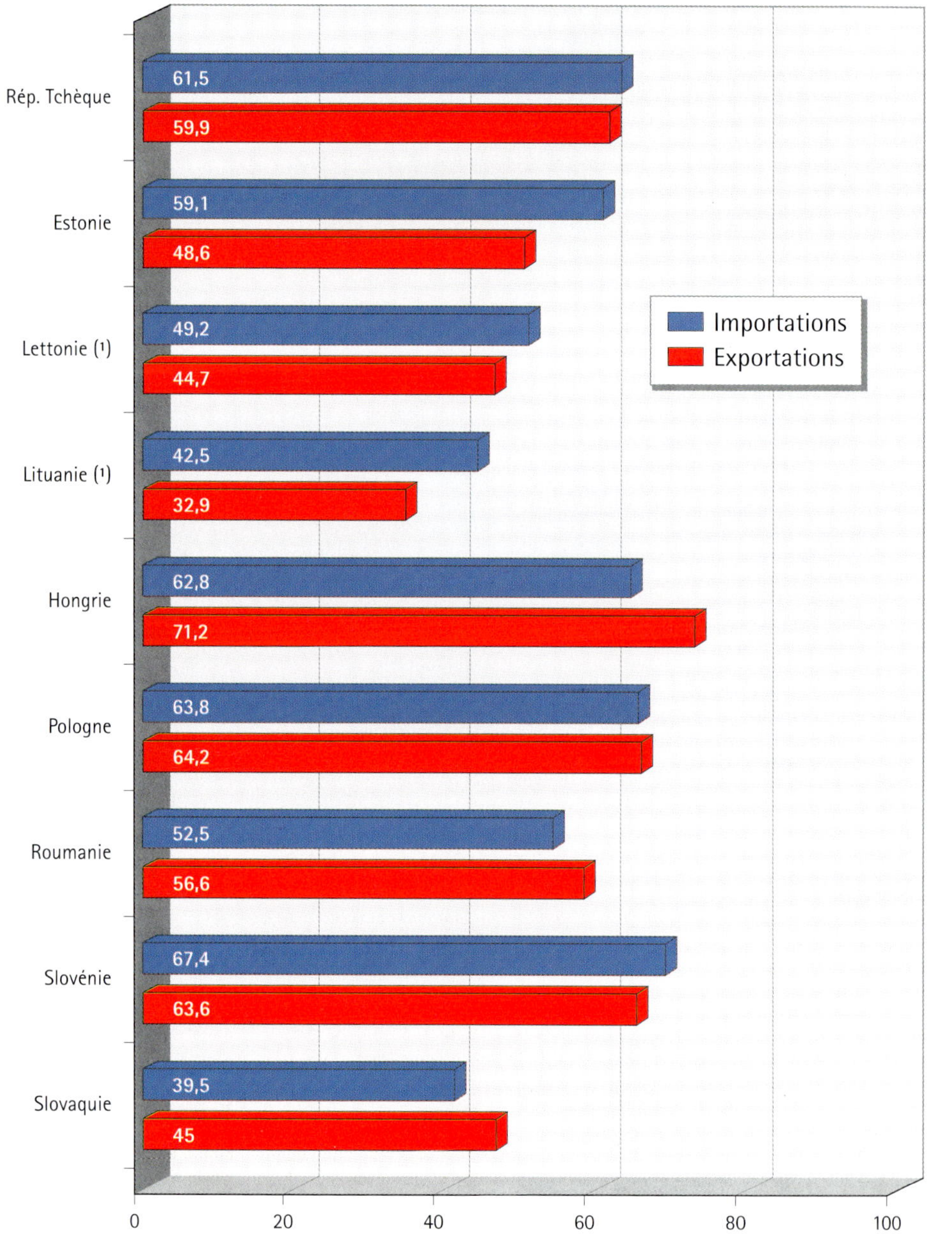

(1) 1996.
Données non disponibles pour la Bulgarie.

Commission européenne

L'EUROPE DES QUINZE: CHIFFRES CLÉS
Série: l'Europe en mouvement

Luxembourg: Office des publications officielles
des Communautés européennes

2000 — 44 p. — 16,2 x 22,9 cm

ISBN 92-828-7605-5

Sur la population de l'Union européenne et de ses États membres, le niveau de vie, l'emploi, l'économie, le rôle international de l'Europe et l'Union elle-même, on trouvera ici une série de diagrammes réalisés avec l'aide précieuse d'Eurostat, l'Office statistique des Communautés européennes.
Ces diagrammes permettent également des comparaisons avec le reste du monde et, en particulier, avec les principaux pays partenaires et concurrents de l'Union.
La brochure fournit en outre des données sur les pays d'Europe centrale candidats à l'adhésion à l'UE.

DATA SHOP EUROSTAT

Pour plus d'informations sur les produits et les services d'Eurostat, veuillez contacter le réseau de Data Shops d'Eurostat ou consulter notre site Internet: http://europa.eu. int/eurostat.html

BELGIQUE/BELGIË

Eurostat Data Shop
Bruxelles/Brussel
Chaussée d'Etterbeek 13/
Etterbeeksesteenweg 13
B-1049 Bruxelles/Brussel
Tél.: (32-2) 299 66 66
Fax: (32-2) 295 01 25
E-mail: datashop.brussel@eurostat.cec.be

FRANCE

Insee Info Service
Eurostat Data Shop
195, rue de Bercy
Tour Gamma A
F-75582 Paris Cedex 12
Tél.: (33) 153 17 88 44
Fax: (33) 153 17 88 22
E-mail: datashop@insee.fr

LUXEMBOURG

Eurostat Data Shop Luxembourg
BP 453-L-2014 Luxembourg
4, rue A. Weicker
L-2721 Luxembourg
Tel.: (352) 43 35 22 51
Fax: (352) 43 35 22 221
E-mail: dslux@Eurostat.datashop.lu

SCHWEIZ/SUISSE/SVIZZERA

Statistisches Amt des
Kanton Zürich
Eurostat Data Shop
Bleicherweg 5
CH - 8090 Zürich
Tel.: (41-1) 225 12 12
Fax: (41-1) 225 12 99
E-mail: datashop@zh.ch
http:// www.zh.ch/statistik

Autres Informations concernant l'Union Européenne

Des informations dans toutes les langues de l'Union européenne peuvent être obtenues sur Internet via le serveur Europa (http://europa.eu.int)

Pour obtenir des informations et des publications concernant l'Union européenne en langue française, vous pouvez vous adresser à:

Représentations de la Commission Européenne

Représentation en France
288, boulevard Saint Germain, F-75007 Paris
europa.eu.int/france
Pour obtenir des publications:
«Sources d'Europe», Centre d'information sur l'Europe
Le Socle de la Grande-Arche, F-92044 Paris-la Défense Cedex
Tél. (33) 1 41 25 12 12

Représentation à Marseille
CMCI - 2, rue Henri Barbusse, F-13241 Marseille Cedex 01
Tél. (33) 4 91 91 46 00

Représentation en Belgique
Rue Archimède 73, B-1000 Bruxelles
Tél. (32-2) 295 38 44
europa.eu.int/comm/represent/be/

Représentation au Luxembourg
Bâtiment Jean Monnet, rue Alcide De Gasperi, L- 2920 Luxembourg
Tél. (352) 43 01 925

Bureaux du Parlement Européen

Bureau pour la France
288, boulevard Saint Germain, F-75007 Paris
Tél. (33) 1 40 63 40 00
Fax. (33) 1 45 51 52 53
Minitel: 3615-3616 CEE
Courrier électronique: epparis@europarl.eu.int

Antenne de Strasbourg
1, avenue du Président Robert Schuman
Boîte Postale 1024 F, F-67070 Strasbourg Cedex
Tél. (33) 3 88 17 40 01
Fax: (33) 3 88 17 51 84
Courrier électronique: epstrasbourg@europarl.eu.int

Antenne de Marseille
2, rue Henri Barbusse, F-13241 Marseille
Tél. (33) 4 91 91 46 00
Fax. (33) 4 91 90 95 03

Bureau pour la Belgique
Rue Wiertz, B-1047 Bruxelles
Tél. (32-2) 284 20 05
Fax: (32-2) 230 75 55
Courrier électronique: epbrussels@europarl.eu.int

Bureau pour le Luxembourg
Bâtiment Robert Schuman, Place de l'Europe, L-2929 Luxembourg
Tél. (352) 43 00 225 97
Fax: (352) 43 00 224 57
Courrier électronique: epluxembourg@europarl.eu.int

Des représentations ou des bureaux de la Commission européenne et du Parlement européen existent dans tous les États membres de l'Union européenne. Des délégations de la Commission européenne existent dans d'autres pays du monde.